Le Droit Romain Resume En Tableaux Synoptiques

A. Wilhelm

LIVRE PREMIER.

Généralités et Divisions (TITRES 1 ET 2).

Justitia est constans et perpetua voluntas jus suum cuique tribuendi.
Le mot *Jus* signifie : ordre, faculté ou la loi en général.
Jurisprudentia est justi atque injusti scientia.
Juris præcepta sunt hæc : honeste vivere, alterum non lædere, suum cuique tribuere.

Le droit se divise

d'après son objet, en

Droit public ou constitutionnel.

Droit privé :
- Droit civil — propre aux membres d'une même cité ;
- Droit des gens — commun à tous les peuples ;
- Droit naturel — division impropre embrassant certains actes communs aux hommes et aux animaux.

d'après ses sources en

Droit écrit

lois :
- *curiates* — votées dans les comices par curies — (œuvres de l'aristocratie de naissance) ;
- *centuriates* — votées dans les comices par centuries — (œuvres de l'aristocratie d'argent).

Plébiscites :
- votés dans les comices par tribus ;
- obligatoires, au début, pour les plébéiens seuls ;
- devenus de véritables lois à la suite de la loi *Hortensia.* (An de R. 468.)

Constitutions impériales :
- édits — ensemble de prescriptions générales ;
- rescrits, *subscriptiones, epistolæ* — solution d'un point de droit ;
- décrets — sentences de fait et de droit.

Sénatus-consultes — Prescriptions approuvées par le sénat.

Edits des magistrats :
- *edictum perpetuum* — applicable pendant toute la durée d'une magistrature ;
- *edictum repentinum* — publié en vue d'une circonstance quelconque ;
- *edictum tralatitium* — partie d'édit reproduite par tous les magistrats qui se succédaient ;
- *edictum novum* — dispositions innovées.

Réponses des prudents :
- sans effet juridique jusqu'à Auguste ;
- prenant un caractère public sous Auguste et Tibère ;
- déclarées, par Adrien, obligatoires pour le juge quand elles étaient unanimes (*permissio jura condendi*).

Droit non écrit — usage, coutumes — applicables en l'absence d'un texte précis.

NOTES EXPLICATIVES.
Divisions et droits des personnes.

1. Marc-Aurèle prescrit de déclarer dans les trente jours la naissance des enfants et de leur donner un nom : cette formalité était remplie dans l'usage le neuvième jour (fête des *nominalia*).

2. Sous Justinien, l'enfant exposé et recueilli est libre et ingénu.

3. L'effet rétroactif du *postliminium* ne s'étend pas à la possession. — Il est suspendu pour le captif racheté jusqu'à ce que le *redemptor* ait été remboursé ; en attendant, le captif reste *in causa pignoris*.

Le *postliminium* est inapplicable à ceux qui se sont rendus à discrétion, aux transfuges, à ceux qu'un traité abandonne à l'ennemi, aux prisonniers rentrant à la suite d'une mise en liberté sur parole, à ceux qui restent volontairement chez l'ennemi ; toutefois, l'absence de *postliminium* n'empêche pas ceux qui cessent d'être prisonniers de recouver par cela même, en fait et en droit, leur liberté.

4. Le même résultat découle de l'obtention du *jus aureorum annulorum*, sauf que ce dernier, plus ancien, n'est pas opposable au patron.

5. Ils étaient privés du *jus honorum* dans l'ancien droit et encouraient en cas de violation de cette règle une peine portée par la loi *Visellia*. — Ils étaient, jusqu'au règne d'Auguste, incapables de servir dans l'armée, à moins de danger exceptionnel. — Ils étaient passibles de la torture en matière criminelle.

6. Le maître peut, en affranchissant un esclave, lui imposer des charges, *operæ*, consistant dans des travaux, *fabriles*, ou dans des services personnels et intransmissibles, *officiales* : toutefois, si ces charges sont excessives, l'affranchi s'en défend par l'exception prétorienne : *Quod onerandæ libertatis causa petitur*.

7. Ne pas confondre avec le *jus originis*, acquis par naissance, adoption, affranchissement ou *allectio municipalis*, et qui détermine la compétence et le lieu de paiement de l'impôt ou des charges personnelles.

8. Sous peine d'esclavage perpétuel (vente *ne manumittantur*).

9. D'après Gaius, avant Vespasien, l'enfant qui avait pour père un homme libre et pour mère une femme supposée telle n'était esclave que s'il était du sexe féminin.

10. Cette règle était inapplicable à la fille de famille dont le père avait ignoré l'inconduite. — L'affranchie retombait sous la puissance de son patron. — En tout cas, un décret du magistrat était nécessaire. — L'enfant naissait libre ou esclave, suivant les conditions intervenues avec le maître ; il naît toujours libre depuis Adrien.

11. La loi *Ælia Sentia* prononçait contre l'ingrat la *relegatio ultra vicesimum lapidem*, les *lautumiæ* ou une peine à la discrétion du Préfet ou du Gouverneur. Claude admit la révocation de l'affranchissement au seul cas où l'état du patron avait été mis en cause par l'affranchi.

12. Ce cas n'est vrai qu'après la République ; car, au début, la condamnation aux bêtes et aux mines était spéciale aux esclaves, et la mort était épargnée au citoyen qui s'exilait, ou, subie, ne le rendait pas esclave (Voir au Digeste la loi 18 *de statu hominum*).

13. Sous Justinien, ils conservent la qualité d'hommes libres, afin d'éviter la dissolution de leur mariage.

14. On distingue les condamnés *ad metallum* ou *ad opus metalli* : ils diffèrent par le poids des chaînes et par la peine de l'évasion : les condamnés *ad opus metalli*, fugitifs, étaient condamnés *ad metallum* ; les autres, en cas d'évasion, étaient soumis à un travail plus pénible (*gravius coercentur*) ou même à la peine de mort.

15. Cette loi, tombée en désuétude à l'époque de Justinien, avait été abrogée, en ce qui touche les Latins, par Adrien qui, dans un sénat. cons., avait décidé que l'enfant naîtrait Romain toutes les fois que ses père et mère seraient devenus Romains lors de l'accouchement.

16. L'origine de cette disposition est inconnue ; elle remonte soit à Q. M. Scævola, soit au S. C. Claudien. Elle était applicable aux cas de donation et de mise en gage.

Divisions et Droits des personnes (TITRES 3 ET 4).

Les personnes se divisent en hommes

libres

 libres

  ingénus
- enfants nés *ex justis nuptiis* ; [1]
- enfants naturels d'une mère libre
  - au moment de son accouchement,
  - à un moment quelconque de sa gestation (1) ; [2]
- tombés en captivité et ayant bénéficié du *jus postliminii* ; [3]
- affranchis ayant obtenu de l'empereur la *restitutio natalium*.

  affranchis
- sans famille ni patrimoine ; [5]
- soumis aux droits de patronage [6]
  - sur les personnes — *obsequia*,
  - sur les biens — *jus peculii*.

  citoyens romains (2) jouissant du *jus civitatis* : [7]
- *jus commercii* — droit de disposer des biens entre-vifs ;
- *testamenti factio* — droit de disposer et de recueillir par testament ;
- *jus connubii* — droit de contracter de justes noces ;
- *jus suffragii et honorum* — droits politiques.

  latins (3) anciens et coloniaires jouissant du *jus latii* :
- *jus commercii* ;
- *testamenti factio* ;
- facilités pour acquérir la cité romaine ;
- *jus suffragii et honorum* dans leur province.

  pérégrins — régis exclusivement par le droit des gens.

  pérégrins déditices
- sans existence politique ;
- ne pouvant approcher de Rome ; [8]
- ne pouvant jamais obtenir la cité romaine.

esclaves

 par la naissance d'une mère esclave. [9]

 par la captivité dans une guerre régulière — exceptions : [3]
- la loi *Cornelia de falsis* répute le prisonnier mort à l'instant de sa chute en captivité ;
- le *jus postliminii*, dont bénéficie tout captif qui rentre sur un territoire romain ou allié, annule rétroactivement tous les effets de la captivité.

 par le droit civil

  ancien droit
- *fur manifestus* — supprimé par le préteur ;
- débiteur insolvable — tombé en désuétude ;
- omission sur les tables du cens — disparu sous *Decius* avec le recensement ;
- refus du service militaire — disparu sous Auguste avec le service obligatoire.

  droit impérial
- homme libre vendu frauduleusement comme esclave (4)
  - étant âgé de plus de 20 ans ;
  - mauvaise foi du vendeur et du vendu ;
  - bonne foi de l'acheteur ;
  - partage du prix.
- femme libre entretenant des relations avec l'esclave d'autrui malgré trois sommations. (Disposition du sén.-cons. Claudien abrogée par Justinien.) [10]
- affranchi ingrat (innovation de l'empereur Commode) [11]
  - affranchissement spontané ;
  - ingratitude caractérisée par des actes ;
  - sentence du magistrat.
- condamnation infamante [12]
  - à mort,
  - aux bêtes,
  - aux mines, [14]
  - *servi pœnæ*. [13]

---

(1) L'enfant né d'une citoyenne romaine et d'un pérégrin naît pérégrin en vertu de la loi *Mensia*. [15]

(2) Le droit de cité a été étendu à l'Italie lors de la guerre sociale, à la Gaule par Claude, et à tout l'empire romain par Caracalla ; aussi ces divisions n'ont-elles plus, sous Justinien, qu'un intérêt historique.

(3) Voir, page 6, le résumé de la condition juridique des Latins-Juniens.

(4) Supprimé par l'empereur Léon. [16]

NOTES EXPLICATIVES.

Des affranchissements

1. A cette cause introduite par une constitution de Claude, il faut ajouter le cas où une esclave a été prostituée malgré une condition de vente (le vendeur devient patron), celui où un esclave est acheté *suis nummis* du consentement de son maître, celui où un esclave livre les auteurs des crimes de désertion, rapt, fausse monnaie (le maître est indemnisé par le fisc).

2. Cette cause opère de plein droit (constitution de Marc-Aurèle).

3. D'autres disent vingt ans (*præscriptio longi temporis*), avec persistance nécessaire de la bonne foi jusqu'à la fin du délai. **Controv.**

4. C'est une fiction de la *Causa liberalis*; il y a rédaction d'un *instrumentum manumissionis*.

5. L'effet était peut-être retardé jusqu'à la clôture du lustre.

6. Si l'héritier n'exécute pas l'affranchissement, cet acte a lieu par décret du magistrat; les droits du patron ne sont réservés que s'il n'est pas en faute. Si le maître de l'esclave se refuse à le vendre, le fidéicommis, éteint dans l'ancien droit, est suspendu sous Justinien jusqu'à une occasion favorable

7. L'esclave affranchi entre vifs garde son pécule à moins de retrait; par testament, il faut sur ce point un legs formel.

8. Justinien consacre le droit, pour le copropriétaire d'un esclave, de l'affranchir moyennant indemnité (tarif fixe); c'est la suppression du droit d'accroissement que la législation antérieure reconnaissait dans ce cas à l'autre copropriétaire.

9. Autres modes : acquisition d'un esclave chrétien par un juif (Constantin), ou par un hérétique (Justinien); prostitution d'une esclave par son maître (Théodose et Valentinien).

10. Son fils est un pérégrin ordinaire. — L'esclave affranchi avant l'âge de trente ans, sans juste cause, n'obtient que *libertas latina*.

11. Autrement l'affranchissement est nul. — La femme ne pouvait, dans un but de mariage, affranchir qu'un *conservus*. — Le *Consilium* se compose, à Rome, de cinq sénateurs et de cinq chevaliers; dans les provinces, de vingt récupérateurs citoyens; la décision est sans appel.

12. Peut-être la vindicte n'est-elle plus nécessaire sous Justinien : entre vifs, l'âge de vingt ans reste exigé; mais le maître peut, avant cet âge, renoncer à un droit de gage ou d'hypothèque sur l'esclave, afin d'en faciliter l'affranchissement.

13. Si l'affranchissement a été fait en fraude du fisc; dans les autres cas, elle serait perpétuelle par suite de l'inexistence de l'acte, ou mieux, suivant d'autres, invocable seulement durant l'année utile qui suit la *bonorum venditio*. En tout cas, les créanciers qui invoquent cette nullité doivent avoir des droits antérieurs à l'affranchissement. **Controv.**

14. Le préjudice doit être manifesté par la *bonorum venditio* et estimé au jour de l'adition.

15. Il y avait en outre impossibilité d'affranchir dans les cas suivants :
   Affranchissement interdit par contrat ou par testament;
   Condamnation antérieure de l'esclave *ad vincula*;
   Confiscation des biens du maître *reus criminis capitalis*;
   Adultère commis entre l'esclave et la maîtresse;
   Esclave coupable de *plagium* (pendant dix ans). — Sous Justinien, le *plagium* est puni de mort;
   La femme qui divorce *non bona gratia* ne peut affranchir d'esclave pendant soixante jours;
   Affranchie retombée en servitude de son patron *ne manumittatur*, par application du S. C. Claudien;
   Pérégrin déditice arrêté près de Rome et vendu *ne manumittatur*;
   Affranchissement effectué *in fraudem patroni*.
   (Ces trois derniers points ont disparu sous Justinien).

Des Affranchissements (Titres 5 à 7).

L'affranchissement est un acte
- public — exigeant l'intervention de l'autorité.
- privé — exigeant que le maître soit
  - propriétaire *ex jure Quiritium* ;
  - capable d'aliéner ;
  - citoyen romain ;
  - consentant, sauf
    - abandon d'un esclave malade, [1]
    - vente sous condition d'affranchissement, [2]
    - découverte, par l'esclave, du meurtrier de son maître,
    - possession décennale de l'état d'homme libre dans certains cas. [3]

Modes d'affranchissement [7]
- avant Justinien
  - modes solennels
    - vindicte — acte de juridiction gracieuse ; [4]
    - inscription sur les tables du cens — tombé en désuétude depuis *Decius* ; [5]
    - testament
      - *libertas directa* (*libertus orcinus*) ;
      - *libertas fidei-commissaria*. [6]
  - modes non solennels
    - *per epistolam*, *inter amicos*, etc. — ces modes ne sont pas reconnus par le droit civil ; cependant, le préteur accorde à ces esclaves une liberté de fait (*servi in libertate*). Plus tard, la loi *Junia Norbana* régularise leur situation et en fait des affranchis Latins-Juniens (1).
- sous Justinien [8]
  - modes solennels
    - vindicte,
    - testament,
    - dans les églises — introduit par Constantin.
  - modes non solennels [9]
    - *per epistolam*, *inter amicos*, codicille, etc. — devant cinq témoins — même effet que les modes solennels.

Entraves à la liberté d'affranchir [15]
- Loi *Ælia Sentia*
  - l'esclave
    - doit avoir 30 ans au moins ou être affranchi par vindicte, avec juste cause approuvée ;
    - convaincu d'un délit pendant son esclavage, devient pérégrin déditice s'il est affranchi. [10]
  - le maître
    - doit avoir 20 ans au moins ou prouver une juste cause et affranchir par la vindicte. [11] (Justinien reporte ce délai à 17 ans puis à 14 ans par testament.) [12]
    - ne peut affranchir en fraude des droits de ses créanciers
      - nullité invocable
        - pendant 10 ans ; [13]
        - par les créanciers seuls ;
      - nullité exigeant
        - *consilium fraudis*,
        - *eventus damni* ; [14]
      - nullité inapplicable à l'esclave institué à défaut d'autre héritier et devenant héritier nécessaire.
- Loi *Furia Caninia*
  - applicable seulement aux affranchissements testamentaires ;
  - limitation du nombre suivant les cas aux 2/3, 1/2, 1/3, 1/4, 1/5 des esclaves possédés, sans que le chiffre puisse excéder 100 ;
  - obligation de désigner individuellement les affranchis
    - par leur nom,
    - ou par leurs fonctions ;
  - abrogée par Justinien.

---

(1) Voir, page 67, le résumé de la condition juridique des Latins-Juniens.

NOTES EXPLICATIVES.

Des diverses puissances
exercées sur les individus et de leurs sources.

1. Pourtant, Caton l'Ancien, avant de faire mourir un de ses esclaves, prenait, paraît-il, l'avis des autres.

2. Claude rend libre l'esclave malade et abandonné par son maître.

3. La peine est la déportation pour les *homines honesti* et la mort pour les *humiles*. On peut obliger le maître à vendre l'esclave soumis à de mauvais traitements ou à des excès ; il lui est interdit de le racheter ni de mettre à la vente aucune clause défavorable à l'esclave.

Adrien frappe de la relégation une femme coupable d'avoir maltraité son esclave ; il interdit aux maîtres de condamner un esclave à mort de leur propre autorité.

4. Ne pas confondre le colonat avec l'esclavage : le colon, *servus terræ*, existe sous Constantin et tire son origine de l'intérêt donné aux esclaves agriculteurs dans le produit de leur travail, faute de surveillance possible, de l'admission sur le territoire romain de barbares auxquels on donnait des terres à cultiver, et enfin de ce que certains hommes libres, poussés par la misère, aliénaient leur liberté et obtenaient ainsi des terres à exploiter moyennant une redevance. On devient colon par naissance, par convention ou par le délai de 30 ans ; on cesse de l'être par affranchissement, par le délai de trente ans et par promotion à l'épiscopat.

5. Trajan force à l'émancipation le père qui maltraite son fils, et prive le coupable du droit de succéder.

Adrien condamne à la déportation un père qui a tué son fils coupable d'adultère avec sa *noverca*.

6. En cas d'exposition, il donne la puissance à celui qui a recueilli l'enfant (Justinien le déclare libre, ingénu et *sui juris*).

Théodose et Valentinien forcent un père à émanciper sa fille pour l'avoir prostituée malgré elle.

7. Justinien ne permet la vente de l'enfant qu'au cas d'une extrême misère ; mais il donne au père le droit de rachat moyennant indemnité.

8. Le fils de famille impubère peut rendre seul sa condition meilleure comme les impubères *sui juris* ; mais le père ne peut lui donner l'*auctoritas* pour rendre sa condition pire ; il doit recourir à un *jussus* donné à l'avance et grâce auquel la personnalité juridique du fils disparaîtra dans l'action indirecte *quod jussu*. (Comparez avec l'impubère en tutelle.)

Des diverses Puissances exercées sur les individus et de leurs sources
(Titres 8, 9 et 12).

issue du droit des gens, est, pour ce motif, accordée même aux pérégrins.

I. La puissance dominicale

s'étend

sur la personne de l'esclave
- sous la loi des 12 tables, jusqu'au droit de vie et de mort ; [1]
- sous Auguste, la loi *Petronia* interdit au maître de condamner son esclave aux bêtes ; [2]
- Antonin le Pieux assimile le meurtre sans cause d'un esclave au meurtre de l'esclave d'autrui ; [3]
- Justinien laisse au maître la *castigatio*, quelles qu'en soient les suites.

sur les biens
- toutes les acquisitions de l'esclave profitent à son maître ;
- les pécules sont une tolérance de fait et non un droit.

s'éteint par les divers modes d'affranchissement. (Voir page 11) [4]

les esclaves se distinguent

en fait, par leurs travaux — *ordinarius, peculiares, vicarii.*

en droit, par leur capacité
- *sine domino* { *servi pœnæ* / *derelicti* } sans aucune capacité civile ;
- ordinaires — empruntant la capacité de leur maître ;
- *publici* — possédant un pécule et pouvant en disposer pour moitié ;
- *statu liberi* — esclaves affranchis sous condition.

issue du droit civil, n'est accordée qu'aux citoyens romains mâles.

II. La puissance paternelle

s'étend

sur la personne des descendants
- sous la loi des 12 tables, jusqu'au droit de vie et de mort ; [5]
- Constantin assimile au parricide le crime du père qui tue son fils ; [6]
- l'abandon noxal est supprimé par Justinien ;
- le droit de vente, successivement restreint, n'est plus permis par Constantin qu'au moment de la naissance de l'enfant. [7]

sur les biens
- sous la république, toute acquisition profite au père ; [8]
- sous l'empire, ce résultat est corrigé par l'institution des pécules. (Voir page 43.)

sur les enfants et descendants légitimes par les mâles ;
sur les enfants légitimés ou adoptifs.

résulte
- des justes noces,
- de la légitimation,
- de l'adoption.

est organisée dans l'intérêt de celui qui l'exerce.

NOTES EXPLICATIVES.

Des diverses puissances (Suite).

1. La *relegatio in insulam* ne dissout pas la puissance paternelle.

2. Sous Justinien, la servitude pénale n'entraîne plus perte de la liberté, mais la perte du droit de cité qui s'ensuit encore occasionne celle de la puissance paternelle.

3. La mort du père rend les enfants rétroactivement *sui juris* du jour de sa chute en captivité. — Extension mais non application de la loi *Cornelia de falsis*.

4. Elle est simple ou triple avec contrat de fiducie.

5. Il est nécessaire que l'absent consente *apud acta*.

6. Le contrat de fiducie est sous-entendu depuis Constantin; ou plutôt, il devient inutile en égard à la forme employée qui ne comporte plus l'intervention d'un tiers.

7. L'émancipation peut être exigée, depuis Trajan, par un fils maltraité; depuis Théodose, par une fille prostituée malgré elle, et par un impubère adrogé, s'il a éprouvé un préjudice moral.

8. Cette cérémonie, consistant dans un sacrifice accompli en présence de dix témoins représentant les dix curies de la tribu, était indispensable pour que les enfants issus du mariage pussent être flamines de Jupiter, Mars ou Quirinus et *rex sacrificulus*. Sous Tibère, un S. C. dispense de la puissance dite *manus*, en dehors des questions de culte, la femme soumise à la *confarreatio*. Donc, sous Gaius, la *confarreatio* n'est plus un mode d'acquérir la *manus*.

9. Il y faut le consentement du *pater familias* ou l'*auctoritas* du tuteur.

10. Ce mode est inapplicable à la femme *sui juris*, faute d'*auctoritas* de son tuteur.

11. En cas de divorce, le mari est obligé de dissoudre la *manus* si elle existe; on procède par *diffarreatio* ou mancipation suivie d'affranchissement suivant le mode de constitution primitive.

12. Le *mancipium* résulte aussi de l'abandon noxal.

13. Le mancipé est héritier nécessaire, mais a droit au bénéfice d'abstention.

14. Il a droit d'exiger son affranchissement, au cas d'abandon noxal, dès que, par son travail, il a réparé son délit.

15. Son mariage reste valable. L'enfant conçu de lui entre la seconde et la troisième mancipation était, d'après Labéon, sous la puissance du mancipant; d'après d'autres interprètes, sa condition serait *in pendenti* : il devient *sui juris* si le père meurt *in mancipio*; il tombe sous la puissance du père si ce dernier est affranchi. **Controv.**

16. Ce résultat est corrigé par la *bonorum possessio unde decem personæ* (Voir au 2ᵉ fascicule).

17. Ces affranchissements ne sont soumis ni à la loi *Ælia Sentia*, ni à la loi *Furia Caninia* : le mancipé n'est pas compris dans la *venditio bonorum*.

18. Les Vestales avaient le droit de tester sans cette formalité qui s'employait également avec un vieillard *interimendorum sacrorum causâ* ou pour changer de tuteur, grâce à une mancipation suivie d'affranchissement.

Des diverses Puissances (Suite).

La puissance paternelle s'éteint par

la mort du fils ou du père ;

la perte de la cité résultant de
- l'interdiction de l'eau et du feu, avant Justinien ; [1]
- la déportation, sous Justinien, sauf le cas de *restitutio in integrum*.

la perte de la liberté résultant de
- la condamnation { aux bêtes, aux mines ; [2]
- la captivité, sauf le *jus postliminii*. [3]

l'élévation à certaines dignités :
- *flamen dialis, Vestalis,* — dans l'ancien droit ;
- patrice, consul, préfet, évêque, etc. — sous Justinien ;

toutefois les droits d'agnation sont maintenus au profit du fonctionnaire soustrait à l'autorité paternelle.

l'émancipation [6].
- dans l'ancien droit, réalisée comme l'adoption par la mancipation ; [4]
- sous Anastase, par l'insinuation (transcription sur un registre), mode institué en vue des absents [5].
- sous Justinien — par une déclaration devant le magistrat ; [7] elle est révocable pour ingratitude.

l'adoption
- avant Justinien, quel que soit l'adoptant ;
- sous Justinien, si l'adoptant est un ascendant.

la coemption, la confarréation et l'usage par lesquels la femme change de *pater-familiâs* et tombe *in manu mariti*.

III. La *manus* (disparue sous Justinien)

s'étend sur les femmes mariées.

se constitue
- *farreo* — cérémonie religieuse plus spéciale aux patriciens, tombée en désuétude et presque disparue sous Tibère [8] ;
- *coemptione, matrimonii causâ* (1) — sorte de vente fictive ; [9]
- *usu* — sorte d'usucapion annale que trois nuits d'absence interrompaient. [10]

a pour effets
- la perte des droits d'agnation dans la famille naturelle ;
- l'assimilation de la femme mariée aux enfants de son mari *loco filiæ* ;

se dissout par toutes les causes qui entraînent dissolution
- du mariage, [11]
- de la puissance paternelle.

IV. Le *mancipium* (disparu sous Justinien)

sorte de puissance dominicale s'exerçant sur l'homme libre.

résulte
- de la vente d'un fils de famille par son *pater-familiâs* ; [12]
- d'une mancipation par le *coemptionator* ;

a pour effets
- de placer le mancipé *loco servi* ; [13]
- de laisser au mancipé un certain droit aux égards et l'exercice de *l'actio injuriarum*. [14]
- en cas d'affranchissement { de laisser l'émancipé ingénu ; [15] d'attribuer à l'émancipateur les droits de patronage. [16]

se dissout par les modes d'affranchissement en usage pour la dissolution de la puissance dominicale. [17]

---

(1) La *coemptio* se faisait aussi *fiduciæ causâ* : dans ce cas, la femme, affranchie par le *coemptionator*, en exécution d'un contrat de fiducie, devenait *sui juris* et acquérait le droit de tester. [18]

2

NOTES EXPLICATIVES.

Modes d'acquérir la puissance paternelle.

1. Les fiançailles se contractaient par stipulation (*sponsio, sponsalia*).

Plus tard, elles sont souvent accompagnées d'arrhes et de donations dont le bénéfice est perdu en cas de non mariage. Une fille peut être fiancée malgré elle ; l'âge de sept ans suffit pour le garçon comme pour la fille.

2. Le *castratus* ne peut se marier ; il en est autrement des *spadones* (individus naturellement impuissants).

Le mariage contracté avant l'âge légal est nul ; mais il est susceptible d'être confirmé par la cohabitation continuée après que cet âge est atteint.

3. Cette disposition n'a été appliquée au fils du *furiosus* que par Justinien ; Marc-Aurèle n'avait autorisé le mariage que si le père était *mente captus* ; avant ce prince, il fallait une autorisation impériale. Quant aux filles, elles purent toujours se marier dans les cas de démence et de captivité du père. **Controv.**

4. Cette disposition est de Justinien, et est appliquée au cas d'absence du père.

5. Cette constitution, émanée de Théodose le Jeune et d'Honorius, prescrit à la fille de consulter ses proches parents à défaut de père et mère : si la fille hésite, le juge lui choisit un mari.

6. La femme *sui juris*, en tutelle perpétuelle, doit obtenir le consentement de son tuteur.

7. Sous Justinien, les barbares seuls en sont exclus ; mais il ne reproduit pas la peine de mort édictée à cette occasion par Valentinien et Valens.

8. Constantin avait interdit le mariage entre cousins germains : cette prohibition n'est pas reproduite par Justinien.

L'adoption est également un obstacle au *connubium* ; aussi, pour adopter sa bru, un père doit émanciper son fils ; autrement, il y aurait divorce tacite. Un rescrit de Marc-Aurèle déclare *justi* des enfants incestueux dont la mère avait été de bonne foi : cette disposition rappelle le mariage putatif du droit français.

On distingue l'inceste du droit des gens de celui du droit civil ; le premier est plus sévèrement puni.

9. Sous Constantin, cet empêchement est sans application, puisque l'adultère est puni de mort.

10. La même interdiction avait subsisté entre un ingénu et une femme de mauvaise vie, et entre sénateurs et descendants d'affranchis ; elle est abrogée par Justinien.

Constantin avait prohibé le mariage entre le ravisseur et sa victime.

11. La même peine atteignait le second mari et les pères des époux. Dans l'ancien droit, l'accouchement dispensait la femme du délai de veuvage (année lunaire). Les empereurs chrétiens portent le délai à un an et le font de convenance. La veuve remariée au mépris de ces règles subit une incapacité successorale.

Les lois caducaires n'étaient applicables à la femme qu'après deux ans de veuvage : l'homme y était immédiatement soumis.

12. A moins que les deux époux n'aient été captifs. — L'interdiction de l'eau et du feu et la déportation ne dissolvent pas les justes noces, mais les transforment en mariage du droit des gens. Sous Justinien, la servitude pénale n'entraînant plus l'esclavage, laisse subsister le mariage. — En cas de captivité, Justinien impose un délai de cinq ans pendant lequel l'époux libre ne peut se remarier.

13. La loi Julia exigeait le concours de sept témoins. Le divorce tacite résulte de l'adoption d'une bru ou de l'élection au Sénat du mari d'une affranchie. (Voir page 68 les règles de détail spéciales au divorce.)

Modes d'acquérir la puissance paternelle (Titres 10 et 11).

I. Justes noces

formes
- contrat civil jusqu'à l'empereur Léon ;[1]
- sans solennité, sauf { la rédaction d'*instrumenta dotalia* pour les personnes illustres, l'intervention d'un *defensor Ecclesiæ* pour les autres. (Double essai de Justinien, abrogé peu après.)
- exigent, outre le consentement des intéressés, que l'épouse soit mise à la disposition de son époux.

conditions requises

- aptitude physique { puberté — 14 ans pour l'homme ; nubilité — 12 ans pour la femme ; | avant Justinien, il n'y avait aucune présomption fixe.[2]

- **consentement**
  - des époux (avant Auguste, le patron peut épouser sa *liberta* malgré elle).
  - du *pater-familiás*, sauf en cas de : { démence du père ;[3] captivité du père, prolongée au delà de trois ans ;[4] refus non motivé suivi d'autorisation du magistrat. (Loi *Julia*.)
  - de ceux qui sont susceptibles d'acquérir sur l'époux ou ses descendants la puissance paternelle (*ne cui invito suus heres adnascatur*).
  - de la mère (sous Théodose)[5] { si le père est décédé, s'il s'agit du mariage d'une fille, et si cette fille est mineure de vingt-cinq ans.
  - du patron pour le mariage de son affranchie.[6]

- **connubium**
  - absolu — *jus connubii* — partie du *jus civitatis* accordée aux seuls citoyens romains.[7]
  - relatif, ou envisagé entre deux individus, est enlevé par suite de
    - parenté civile ou naturelle { en ligne directe, à l'infini ; en ligne collatérale { tant que l'un des parents est à un degré de l'auteur commun.[8]
    - alliance { en ligne directe, à l'infini ; en ligne collatérale { sans effet en droit classique ; au degré de beau-frère depuis Constantin.
    - convenances sociales
      - entre un père et la fiancée de son fils ;
      - entre un époux divorcé et la fille de sa première femme ;
      - entre la femme adultère et son complice ;[9]
      - entre la concubine du père et le fils ;
      - entre un tuteur, un curateur, leurs enfants et une pupille mineure de 25 ans, sauf le cas de fiançailles par le père de famille (S. C. de Marc-Aurèle).
    - considérations politiques
      - entre patriciens et plébéiens — aboli en 309 ;
      - entre ingénus et affranchis — abrogé par les lois caducaires ;[10]
      - entre un gouverneur et une femme de sa province ;
      - entre juifs et chrétiens — prescription édictée par Théodose et abrogée par Justinien.

dissolution
- mort de l'un des époux — délai de veuvage de dix mois pour la femme qui, faute de l'observer, encourait l'infamie.[11]
- perte de la liberté — même au cas d'usage du *jus postliminii*.[12]
- divorce { libre au début, sauf le cas où il y a eu *confarreatio* ; entouré de formalités par Auguste ;[13] restreint par Théodose à des causes déterminées.

NOTES EXPLICATIVES.

Mode d'acquérir la puissance paternelle (Suite.)

1. La femme prend la condition du mari, mais reste affranchie ou ingénue, plébéienne ou patricienne. Elle prend les *sacra* du mari même sans *manus* ; mais elle ne les conserve, veuve, que s'il y a eu *manus*.

En cas d'union de personnes de même condition, les justes noces sont présumées, sauf déclaration contraire.

2. La femme adultère, punie de mort par Constantin, est, sous Justinien, condamnée à la fustigation et détenue dans un monastère ; pendant deux ans le mari peut la reprendre ; passé ce délai, elle est cloîtrée.

Le père a droit de tuer *in continenti* sa fille adultère et son complice dans la maison paternelle ou maritale : le mari n'a droit qu'à une atténuation de peine ; pourtant, il peut tuer le complice dans la maison conjugale.

Le mari doit demander le divorce en cas d'adultère, sinon il est poursuivi pour *lenocinium* : après cette demande préalable, il peut exercer l'action d'adultère ; pendant soixante jours, il a seul, avec le père de la femme, qualité pour agir ; après ce délai, le *judicium* est *publicum*. L'adultère est couvert, pour la femme, par une prescription de quatre mois utiles et, pour le complice, par cinq ans. Constantin n'accorde le droit d'intenter l'action qu'au père, au mari, au frère et à l'oncle.

3. Le délai légal de gestation est de 180 à 300 jours pleins : le désaveu n'est possible qu'en cas d'accident ou d'absence du mari dans ce délai.

L'obligation alimentaire est imposée aux parents paternels *sui juris*, subsidiairement, à la mère et aux parents maternels ; jamais elle n'incombe aux individus *alieni juris* parce qu'ils sont sans patrimoine.

4. C'est par erreur que les textes disent : *origo*, car la femme la conserve même en cas de justes noces.

5. Le mari n'a pas le privilège des 60 jours.

Les textes disent : *matrimonium sine connubio vel non legitimum*.

6. C'est un pur fait avant Cicéron ; il a été organisé vers Auguste, peut-être par les lois caducaires. Il est incompatible avec les justes noces. — Par exception, l'affranchie, concubine de son patron, peut être poursuivie pour adultère, mais le patron n'a pas le privilège des 60 jours.

7. L'union d'une femme libre avec l'esclave d'autrui est réprimée par le S. C. Claudien, et, avec son propre esclave, est punie de mort par Constantin.

8. Les *spurii* comprennent les *vulgo concepti* et les enfants incestueux. Ils sont certains quant à la mère et incertains quant au père, qui ne peut les reconnaître.

9. Il ne s'agit que du latin de la loi *Ælia Sentia*, c'est-à-dire de l'esclave affranchi avant trente ans sans le secours de la vindicte ; pour les autres, il existe une disposition du S. C. Pégasien.

10. Deux autres conditions étaient requises : la femme devait être romaine ou latine, et l'union devait être contractée par devant sept témoins citoyens.

C'est à tort qu'un texte d'Ulpien attribue à la loi *Junia* la création de la *Causæ probatio*. **Controv.**

11. Cette disposition est réciproque et applicable au Romain ignorant sa qualité. **Controv.**

12. Dans ce cas, l'effet est limité au père et à l'enfant.

13. Constantin et Zénon avaient accordé à cet égard une sorte d'amnistie aux enfants naturels déjà nés : Anastase en fit une institution permanente. Les mêmes exigeaient l'ingénuité de la mère et la non existence d'enfants légitimes nés d'un précédent mariage ; Justinien supprima ces deux conditions. — Le mariage d'une affranchie avec son patron rend libres et légitimes tous enfants nés de cette esclave, pourvu que le patron n'ait pas d'enfants légitimes d'un autre lit. Ce mode n'est pas applicable aux enfants issus *in contubernio* de deux esclaves, fussent-ils ultérieurement affranchis.

14. Ce mode, imaginé en l'an 443, nécessitait le don à l'enfant de vingt-cinq arpents de terre et le consentement de l'enfant. Avant Justinien, il fallait qu'il n'y eût pas d'enfants légitimes. Sous Justinien, le père décurion et sans enfants peut même offrir à la curie l'enfant né d'une *ancilla* ; l'enfant peut s'offrir lui-même à la curie. — Les effets de l'oblation sont d'ailleurs restreints à la succession du père, où l'enfant légitimé prend une part d'enfant le moins prenant ; il ne devient pas l'agnat des agnats de son père

Modes d'acquérir la puissance paternelle (Suite).

Diverses unions de l'homme et de la femme comparées au point de vue de leurs effets juridiques

- **justes noces**
  - égalité des époux qualifiés : *vir et uxor* ;[1]
  - obligation de fidélité — action d'adultère ;[2]
  - enfants qualifiés : *justi liberi* et protégés par la maxime : *pater is est quem nuptiæ demonstrant* ;[3]
  - constitution de dot et *donatio propter nuptias* ;
  - *manus* sur la femme ;
  - empêchent l'application des lois caducaires.

- **mariage du droit des gens (disparu sous Caracalla)**
  - inégalité des époux — *uxor injusta* ;
  - domicile propre de la femme ;[4] } situation inférieure aux justes noces.
  - absence de puissance paternelle civile ;
  - obligation de fidélité ;[5]
  - dot ;
  - enfants légitimes — *injusti liberi* — présomption : *pater is est...* ; } supérieure au concubinat.
  - dissolution par le divorce ou la mort.

- **concubinat (supprimé par Léon le Philosophe)**
  - absence de lien conjugal ;[6]
  - enfants dits : *naturales*, et suivant la condition de leur mère ;
  - pas de dot ;
  - pas d'égalité entre l'homme et la femme ;
  - se dissout *ad libitum* ;
  - peut, sous Justinien, servir de base à la légitimation.

- *Contubernium* — union des esclaves — pur fait, sans portée juridique (1).[7]

- *Stuprum*
  - relations passagères et immorales ;
  - enfants qualifiés : *spurii* ou *vulgò concepti* ;[8]
  - impossibilité d'arriver à la légitimation.

II. Légitimation

- **ancien droit**
  - *causæ probatio*
    - applicable au Latin qui voulait acquérir la puissance paternelle ;[9]
    - quand son premier né était *anniculus* ;[10]
    - le rendait citoyen romain ainsi que sa femme ;
  - *erroris causæ probatio*
    - applicable au citoyen romain s'étant trompé sur la qualité de sa femme ;[11]
    - sauf le cas où la femme était affranchie déditice.

- **sous Justinien**
  - mariage subséquent (entraînant réhabilitation morale de la mère)[13]
    - enfant né du concubinat ;
    - mariage des père et mère possible lors de la conception ;
    - rédaction d'un *instrumentum dotale* ;
    - non opposition de l'enfant.
  - oblation à la curie ou mariage à un décurion — mode spécial au père.[14]
  - rescrit du prince
    - absence d'enfant légitime ;
    - impossibilité d'épouser la mère.
  - testament moyennant le bon plaisir de l'empereur.

---

(1) Le *contubernium* et la filiation qui en résultait produisaient cependant certains empêchements au mariage, ainsi qu'une *justa causa manumissionis*. L'absence d'effets n'est vraie qu'en matière de succession, et encore, jusqu'à la dernière réforme de Justinien.

NOTES EXPLICATIVES.

Modes d'acquérir la puissance paternelle (Suite).

1. On rencontre dans les textes une adoption testamentaire qui est une sorte d'adrogation et qui doit être confirmée par loi ou par rescrit, suivant les époques.

2. La *querela* est applicable même si elles n'ont pas eu d'enfants (Léon le Philosophe). — Les fils de famille ne peuvent adopter si ce n'est par voie indirecte. Nul ne peut être adopté deux fois par la même personne. — Justin défend d'adopter ou d'adroger l'enfant né *ex concubinâ*, à cause de la possibilité de légitimation ; cette règle est surtout justifiée après la décision de Justinien qui permet la légitimation par rescrit après la mort de la mère.

3. Cette décision est la conséquence de l'emploi de la *Cessio in jure* qui est un acte légitime : même tacites, ils sont non avenus.

4. Gaius en indiquait une autre plus directe mais moins usitée ; le texte est demeuré illisible : serait-ce le cas où un esclave était adopté *per prætorem*, cérémonie unique et compliquée dont parle Aulu-Gelle, et qui valait à l'esclave la liberté et l'adoption ? **Controv.**

5. L'adopté prend le nom de l'adoptant et y ajoute le sien en changeant la terminaison *us* en celle de *anus*. — L'adopté prend la dignité et l'*origo* de l'adoptant ; mais il garde son *origo* et, dans l'ancien droit, ne descend pas de classe si l'adoptant lui est inférieur : plus tard, il y a toujours changement d'état et le rang de l'adoptant est conservé par l'adopté même après émancipation.

En vertu du S. C. Sabinien, l'enfant adopté *ex tribus maribus* a droit à un quart des biens de l'adoptant nonobstant émancipation : cette quarte est réclamée par une action *familiæ erciscundæ* utile.

La réforme de Justinien est incomplète, en ce sens que si l'adoptant est un ascendant maternel, les anciens inconvénients de l'adoption se reproduisent.

6. L'enquête doit établir que l'adrogeant est âgé de 60 ans au moins et n'a point d'enfants *justi* ; on a égard aux convenances.

7. Ils peuvent être adrogés par tous autres, moyennant le consentement de leur curateur et sous réserve de la *restitutio in integrum*.

Les affranchis ne peuvent être adrogés en principe que par leur patron ; aussi l'adrogation réalisée ne préjudicie-t-elle pas aux droits du patron, qui peut la rendre absolue en y consentant.

8. Le consentement du tuteur est indispensable. — Le recours a lieu par voie d'action utile. — Une caution doit être fournie par l'adrogeant à une personne publique.

9. Cette quarte n'est calculée qu'à la mort de l'adrogeant : s'il diminue par fraude son patrimoine, il est passible des actions *quasi-calvisiana* et *quasi-faviana* (droits du patron à l'occasion d'aliénations frauduleuses consenties par son affranchi). La quarte est calculée sur la part héréditaire de l'enfant ; mais c'est une créance transmissible, une dette de la succession, et non une part héréditaire : elle est obtenue en nature par l'action *familiæ erciscundæ* utile.

Si l'adrogeant est lui-même adrogé, ses obligations passent au nouvel adrogeant.

Arrivé à la puberté, l'adrogé peut, pour un préjudice moral, réclamer du magistrat son émancipation.

Modes d'acquérir la puissance paternelle (Suite).

III. Des adoptions.

Il y a deux sortes d'adoption :
- l'adoption proprement dite, portant sur un individu *alieni juris* ;
- l'adrogation, applicable à un *pater-familias* et réagissant sur tous ceux qui sont sous sa puissance. [1]

Règles communes aux deux adoptions :
- Il doit y avoir au moins 18 ans (*plena pubertas*) de différence entre l'adoptant et l'adopté ;
- l'adopté doit être présent ;
- l'adopté peut être pris pour fils ou pour petit-fils (1).
- l'adoption est interdite :
  - aux femmes, jusqu'à Dioclétien ; [2]
  - aux castrats, jusqu'à Léon le Philosophe ;
  - aux esclaves, qui ne peuvent non plus être adoptés.
- l'adoption ne comporte ni terme ni condition. [3]

Règles spéciales

à l'adoption

formes :
- avant Justinien :
  - mancipation, qui, pour le fils, devait être renouvelée trois fois ;
  - suivie de *cessio in jure* ; [4]
- sous Justinien :
  - déclaration du père devant le magistrat ;
  - acte dressé pour constater l'adoption ;

effets [5] :
- avant Justinien :
  - perte de l'agnation dans la famille naturelle ;
  - maintien de la cognation ;
  - acquisition de l'agnation dans la famille adoptive ;
- sous Justinien :
  - si l'adoptant est un ascendant, l'adoption conserve ses anciens effets ;
  - si c'est un étranger, l'adopté conserve ses droits, ne change pas de famille et n'acquiert qu'un droit de succession sur les biens de l'adoptant.

à l'adrogation

formes :
- au début :
  - approbation par les pontifes ;
  - enquête ; [6]
  - vote approbatif des comices par curies.
- à la fin de la république, les curies sont remplacées par trente licteurs ;
- à partir de Dioclétien, l'adrogation a lieu par rescrit impérial.

effets :
- sur les personnes — soumet à la puissance de l'adrogeant l'adrogé et tous ses descendants ;
- sur les biens — ils sont acquis à l'adrogeant :
  - au début, en toute propriété ;
  - sous Justinien, en usufruit.

elle est inapplicable :
- entre les mineurs de 25 ans et leur tuteur ; [7]
- jusqu'à Dioclétien, aux femmes, parce que l'entrée des comices leur est interdite.
- aux impubères, jusqu'à Antonin le Pieux, qui décide que :
  - si l'adrogé est émancipé pour un juste grief, ses biens lui sont rendus ; [8]
  - s'il meurt impubère, ses biens sont rendus à sa famille naturelle ;
  - s'il est émancipé sans motif ou s'il est exhérédé, il a droit à ses biens et, en outre, au quart des biens de l'adrogeant. (Quarte antonine.) [9]

---

(1) Dans ce dernier cas, le fils doit consentir à l'adoption.

NOTES EXPLICATIVES.

De l'agnation.

1. *Caput* est synonyme de *status* dans le langage du droit romain. — *Deminutio* signifie rupture, changement. Il y a donc *capitis deminutio* toutes les fois qu'il y a changement d'état, fût-ce lorsqu'un pérégrin ou un latin acquiert la cité romaine. **Controv.**

Il peut, au contraire, y avoir amoindrissement ou déchéance, sans qu'il y ait *capitis deminutio*, par exemple l'exclusion d'un sénateur, l'infamie.

D'un autre côté, l'esclave affranchi éprouve un changement de situation, mais il ne subit pas de *capitis deminutio*, parce que, avant d'être libre, il n'avait ni *caput*, ni *status*.

La *capitis deminutio* a été supprimée par Justinien, en 543, dans la novelle 118.

Ne pas confondre *caput* et *existimatio*.

2. Ce résultat est presque toujours évité dans le dernier état du droit, grâce à la double fiction de la loi *Cornelia* et du *postliminium*.

3. Sous Justinien, la servitude pénale n'entraîne plus la perte de la liberté.

4. Il convient d'ajouter en outre l'émigration dans une colonie latine et l'acquisition de la cité par un pérégrin : ce dernier perd le patronage de ses esclaves. Le pérégrin condamné criminellement perd également son droit de cité locale ; il subit donc une *mutatio civitatis*. **Controv.**

5. Au temps de Gaius, la *confarreatio* ne confère plus la *manus*.

6. Elle est subie, dans ce cas, par le *paterfamilias* adrogé et par ses enfants en puissance.

Il faut ajouter aux causes de *minima capitis deminutio* le *mancipium* et la légitimation par rescrit ou par mariage subséquent.

7. M. Accarias affirme la réciprocité de la *gentilitas* et déclare incomplet le système qui la fonde exclusivement sur un affranchissement originaire. **Controv.**

8. Sont également éteints le mandat et les droits déduits en justice dans un *judicium legitimum*.

9. Les coobligés restent tenus ; il en est de même du débiteur principal *ex delicto vel quasi ex delicto*.

10. Ces derniers sont constitués en personnes morales par les évêques : ils diffèrent de la catégorie précédente en ce qu'ils ne se composent pas de plusieurs individualités réunies en une seule.

Il importe de distinguer l'*universitas* et la personne de chacun de ceux qui en font partie : les uns et les autres ont leurs droits distincts.

De l'Agnation (Titre 16).

L'agnation est le lien civil qui unit deux citoyens romains qui ont été, sont ou auraient pu être sous la puissance d'un même *pater-familiâs*.

La perte des droits d'agnation

— résulte de la *capitis deminutio* [1]·

- *maxima* — perte de la liberté encourue par suite de (Voir page 9.)
  - chute en captivité [2];
  - *servitus pœnæ* [3];
  - révocation d'affranchissement pour ingratitude;
  - vente *ad pretium participandum*.
- *media* — perte de la cité par suite de [4]·
  - interdiction de l'eau et du feu;
  - déportation (sous Justinien) (1).
- *minima* — perte de l'agnation par suite de
  - *manus*, [5]·
  - adrogation, [6]·
  - adoption. (Voir page 12.)
  - émancipation.

— a pour effets

- la perte de
  - agnation,
  - *gentilitas*, [7]·
  - droits de patronage,
  - droits d'usufruit et d'usage,
  - droits résultant d'un contrat de société, [8]·
  } effets abrogés sous Justinien
- l'annulation d'un testament antérieur;
- la libération des dettes; [9]·
- le maintien
  - de la *cognatio* ou parenté naturelle,
  - du droit d'habitation, lequel est réputé successif,
  - de l'obligation naturelle de payer les dettes,
  - de l'obligation civile résultant d'un délit,
  - de l'action d'injures.

Les personnes morales

- sont créées par une loi, un sén. cons. ou une constitution impériale;
- sont administrées par un *syndicus*, *actor*, ou décurion;
- ne pouvaient affranchir d'esclave avant Marc-Aurèle;
- sont de deux catégories
  - *universitates :* peuple Romain, municipes, colonies, sociétés, collèges, associations;
  - certains dieux, temples, monastères, hôpitaux, établissements de bienfaisance [10];

---

(1) La peine de la rélégation, quelle que soit sa durée, laisse subsister activement et passivement la puissance paternelle et, par suite, les droits d'agnation.

NOTES EXPLICATIVES.
De la tutelle.

1. La tutelle est plutôt une institution de droit civil. Elle diffère du legs en ce qu'elle peut être écrite avant l'institution d'héritier, conférée *post mortem heredis* et attribuée à l'héritier, seul institué.

La tutelle s'ouvre par l'événement qui rend l'impubère *sui juris*. Pour les enfants naturels, on attend qu'ils aient des biens.

2. La tutelle des femmes a été abolie par Théodose.

3. La forme est celle du legs *per vindicationem* : le tuteur doit être désigné *nominatim* dans le testament ; plus tard, un codicille confirmé suffit.

4. Pourvu toutefois que le testament ne soit pas rompu par lui.

5. Il ne s'agit que d'un enfant naturel et non d'un enfant adoptif.

6. Un fils de famille peut être tuteur ; son père est tenu *de peculio* ou même *in solidum* s'il a géré ou approuvé la gestion. — Les Latins-Juniens ne sont exclus que de la tutelle testamentaire. Cette tutelle est valablement conférée aux fous, mineurs de 25 ans et captifs, sauf à retarder l'exercice de la tutelle jusqu'à cessation de l'incapacité : la dation est nulle si le pupille est plus proche de la puberté que le mineur de 25 ans de sa capacité pleine. — En tout cas, même sous Justinien, la personne doit être certaine.

7. Cette doctrine remonte à Ulpien ; les instituts n'en font pas mention, mais le digeste et le code la maintiennent. **Controv.** — Il est entendu que la désignation est nulle si l'esclave devient affranchi-déditice ou Latin-Junien.

8. La tutelle testamentaire peut être conférée indirectement par le père naturel à ses enfants *ex concubinatu* ; il y a confirmation sans enquête. Le même droit appartient à la mère pour ses enfants, au patron pour son affranchi, à un étranger pour un impubère *sui juris* ; toutefois, il y a enquête et le testateur doit avoir, en outre, laissé quelques biens au pupille. De plus, le tuteur désigné par un individu sous la puissance duquel n'est pas l'impubère est spécial aux biens laissés par cet individu, puisqu'il y a déjà une tutelle en cours.

9. Telle est la décision présumée de la loi des douze Tables. — La tutelle légitime des agnats est remplacée par celle des cognats dans la novelle 118 de Justinien. Les femmes en sont exclues en principe ; toutefois, la mère et la grand'mère peuvent être tutrices à la condition de renoncer au S. C. Velléien et de ne pas se remarier.

10. Au plus proche de ceux-ci, en même temps que l'espoir de la succession : peu importe que le patron ait exhérédé ses descendants. Les affranchis Latins-Juniens sont sous la tutelle du dernier *dominus ex jure quiritium*.

11. Mais elle redevient fiduciaire dans les mains de ses descendants.

12. En attendant l'adition d'hérédité ou le retour de captivité du tuteur.

13. La solution est la même, que le tuteur soit testamentaire ou légitime, dans tous les cas où la tutelle leur échappe sans qu'il y ait lieu à dévolution, ou chaque fois qu'il y a lieu de nommer un tuteur *certæ causæ*, ou quand il y a lieu de remplacer un tuteur testamentaire et qu'il y en a plusieurs.

14. Lorsque le père est fait prisonnier, on donne un curateur à ses biens et l'état de l'enfant reste *in pendenti*, par suite de la possibilité du *postliminium*.

15. Il fallait la majorité des tribuns ; un seul ne paralysait pas par son *veto*.

16. Le préfet agit pour les *illustres* et les *clarissimi* avec dix sénateurs et le préteur : les sénateurs étaient au moins *clarissimi* ; quelques-uns étaient *illustres*.

17. Avant Justinien, ils n'agissaient que sur l'ordre du *præses*. — *Nominare tutorem* signifie : présenter un tuteur ; *dare* veut dire : désigner. La *datio tutoris* est un acte de juridiction gracieuse ; pourtant elle a lieu *pro tribunali*. Elle peut être requise par les parents, les alliés et les amis ; cette initiative est obligatoire pour la mère et les affranchis du père : la première encourt, en cas de négligence, une déchéance successorale, les seconds, une peine corporelle.

18. Il en est de même si le testament est attaqué comme inofficieux ; ce tuteur dirige le procès et devient testamentaire ou datif suivant l'issue. Depuis Justinien, la *querela* est sans effet sur la *datio tutoris*.

De la Tutelle (Titres 13 à 15, 17 à 26).

Sont en tutelle : les impubères *sui juris*;[1]
les femmes à tout âge.[2]

Il y a quatre sortes de tutelle des impubères :

testamentaire[3]

conférée —
par le *pater-familiás*.[3]

sur
- un héritier sien direct, même exhérédé ;
- un posthume sien ; [4]
- un enfant émancipé (1).[5]

à
- tout individu ayant faction de testament avec le testateur, sauf aux femmes, fous, mineurs de 25 ans et Latins-Juniens. [6]

l'esclave — du testateur
- *cum libertate* — (clause sous-entendue sous Justinien);
- *quum liber erit* — nomination nulle.

l'esclave — d'autrui
- nomination nulle en principe ; la clause fidéi-commissaire est sous-entendue sous Justinien. [7]

comportant l'apposition
- d'un terme : initial, final ;
- d'une condition : suspensive, résolutoire.

légitime

des agnats

s'ouvre
- quand le *pater-familias* n'a pas désigné de tuteur testamentaire ;
- quand le tuteur désigné est mort ou incapable de droit : du vivant du testateur, une fois entré en fonctions ;
- quand la nomination, faite à terme ou sous condition résolutoire, est expirée.

est dévolue
- aux agnats mâles les plus proches, comme conséquence du droit de succession ;
- à défaut d'agnats, aux Gentils (2). [9]

des patrons
- dérive de la loi des douze tables, comme conséquence du droit de succession ;
- est dévolue aux patrons et à leurs descendants, [10] sur les affranchis et leurs descendants.
- les femmes en sont exclues.

des ascendants — est donnée à l'ascendant émancipateur.

fiduciaire
est donnée au *manumissor ex mancipio*;
si ce *manumissor* est un ascendant, la tutelle est dite légitime. [11]

dative (Atilienne ou Julio-Titienne)

s'ouvre
- à défaut de tuteur testamentaire, légitime ou fiduciaire ;
- en attendant un tuteur testamentaire nommé sous condition ; [12]
- quand le tuteur est destitué ou excusé après son entrée en fonctions ; [13]
- quand il est fait prisonnier ou devient *incapable de fait* (fou, sourd, etc.). [14]

est déférée
à Rome
- en vertu de la loi *Atilia*, par le préteur urbain assisté des tribuns ; [15]
- sous Claude, par les consuls, après enquête ;
- sous Marc-Aurèle, par le *prætor tutelaris*;
- sous Justinien, par le préfet de la ville et le préteur.[16]

en province
- en vertu de la loi *Julia Titia*, par le gouverneur, après enquête, sur la présentation des magistrats municipaux ;
- sous Justinien, sans enquête, par les magistrats municipaux, si la fortune du pupille ne dépasse pas 500 solides. [17]

(1) La désignation du tuteur est purement et simplement confirmée par le magistrat, sans enquête. [18]
(2) Les interprètes ne sont pas d'accord sur le sens du mot : *Gentiles* ; les uns y voient les membres d'une même *gens* ; d'autres, les familles des patrons dans leurs rapports avec les descendants d'affranchis.

NOTES EXPLICATIVES.

De la tutelle (Suite).

1. Une personne est chargée de ce soin qui comprend les frais d'entretien (*alimenta*) et l'éducation (*disciplina*) : cette charge n'est pas une obligation ; mais, en cas de désignation testamentaire, un refus entraîne déchéance des legs.

2. La stipulation est à la fin sous-entendue : on en dispense également les tuteurs désignés par testament et confirmés par le magistrat. — L'envoi en possession est ici une sorte de *pignoris capio*.

3. Le tuteur doit, en outre, faire inventaire en présence de *personæ publicæ*, c'est-à-dire de *tabularii* ou de magistrats municipaux, à moins qu'il n'en ait été dispensé par le père. — Le tuteur a été tenu d'administrer le jour où il a été admis à recourir contre le pupille. Il doit employer les sommes disponibles en immeubles ruraux ou en placements à intérêts dans le délai de six mois au début et de deux mois au cours de la tutelle : faute d'emploi, il doit l'intérêt suivant l'usage des lieux ; s'il emploie la somme à son usage, il doit le taux légal, soit 12 p. 100. — Il doit vendre également les choses improductives parmi lesquelles étaient comprises les maisons avant Constantin.

4. Le tuteur, agissant comme mandataire, s'oblige personnellement ; l'effet se produit dans sa personne et non dans celle du pupille : une fois la tutelle finie, on fait passer les actions au pupille sous forme utile.

5. On excepte les cas où l'aliénation a été prévue par le père, ou est rendue obligatoire par indivision, hypothèque, dette du pupille. Les maisons (*prædia urbana*) sont également déclarées inaliénables par Constantin.

6. De ce nombre sont les donations et les affranchissements hors les cas permis par la loi *Ælia Sentia* et sauf les dons d'aliments aux père et mère du pupille.

7. La prononciation de paroles solennelles, exigée au début, n'est plus nécessaire sous Paul ; la présence du tiers cesse également d'être requise. — Les actes solennels sont les *legis actiones*, la *manumissio vindicta*, l'*in iure cessio*, la *mancipatio* (remplacée par tradition suivie d'usucapion ou par l'intervention d'un esclave), l'*acceptilatio* (remplacée par une novation ou un pacte *de non petendo*), l'adition d'hérédité, la répudiation (le tuteur ne peut répudier, mais cette impossibilité ne préjudicie pas au pupille : en revanche, il peut manifester pour le pupille la volonté de s'abstenir), enfin l'adrogation.

8. Il en est de même pour la *bonorum possessio fideicommissaria* ; auparavant, on instituait un esclave qui faisait adition *jussu*, ou le pupille était héritier nécessaire : même *infans*, il bégayait la formule *tutore auctore*, ou on demandait pour lui la *bonorum possessio fideicommissaria*.

S'il est nécessaire de remplacer le tuteur pour des actes d'administration, on nomme un curateur ; s'il faut une *auctoritas*, on donne un tuteur *certæ causæ* ; enfin on nomme un *tutor prætorius* pour l'action en justice, même après la disparition du système formulaire ; Justinien y met un curateur.

9. L'âge de 7 ans n'a été fixé législativement comme limite de l'*infantia* que par une constitution de Théodose, Arcadius et Valentinien : auparavant, la même règle était à peu près suivie dans la pratique sauf pour l'adition d'hérédité. **Controv.**

10. On envisage l'acte en lui-même et non dans ses résultats et on donne, suivant les cas, aux contractants l'exception de dol, l'action *de in rem verso* ou l'action du contrat : Antonin le Pieux n'a fait sur ce point que consacrer une jurisprudence antérieure.

En principe, le pupille n'est pas lié par les actes faits par son tuteur contre les règles ci-dessus ; il est lié si l'acte est régulier bien que dommageable, sauf le recours à la *restitutio in integrum*. Le tuteur coupable de dol est tenu pour le tout, s'il a agi seul, et le pupille *de in rem verso* (en tant qu'il s'est enrichi) ; autrement, le tuteur n'est tenu que pour ce qui excède l'enrichissement du pupille.

11. Le tuteur est responsable envers le pupille non seulement de son dol, mais même de sa faute légère : les héritiers du tuteur ne répondent plus que du dol.

L'action *tutelæ directa* n'est applicable qu'aux conséquences des actes faits pendant la tutelle : si le tuteur gère après la fin de la tutelle, il devient *negotiorum gestor*.

12. L'action *contraria tutelæ* est une création prétorienne ; elle a eu pour conséquence de rendre le tuteur responsable non seulement de son fait, mais de son inaction.

13. L'action *de rationibus distrahendis* entraîne condamnation au double de la valeur réelle : peut-être fut-elle donnée contre les tuteurs légitimes qui, au début, ne pouvaient être *suspecti*. Elle se cumule avec l'*actio furti*, mais non avec la *condictio furtiva* et diminue l'action *tutelæ directa*.

Le pupille, en cas d'insolvabilité du tuteur, est privilégié sur tous créanciers chirographaires : Justinien lui accorde une hypothèque tacite du jour de l'ouverture de la tutelle.

On rencontre encore, à propos de la tutelle :

L'action *ex stipulatu* donnée contre les fidéjusseurs, toutes les fois que le tuteur a promis *rem pupilli salvam fore* ; elle n'entraîne pas infamie et permet l'action *tutelæ* ;

L'action *protutelæ directa* et *contraria* donnée contre celui qui a pris, de fait, les fonctions de tuteurs ;

L'action *subsidiaria*, donnée contre les magistrats qui ont fait preuve de négligence dans la nomination du tuteur ; l'héritier du magistrat ne répond que du dol et des fautes lourdes : c'est le dernier recours avant la *restitutio in integrum*.

14. Le *crimen suspecti* s'éteint par la fin de la tutelle ; il ne pouvait, dans l'ancien droit, être dirigé contre le tuteur légitime, et entraîne une peine corporelle contre l'affranchi du père et contre le tuteur plébéien. (Voir page 69 un appendice relatif à la tutelle.)

De la *Tutelle* (Suite).

Le tuteur

n'a point à prendre soin de la personne du pupille, ni de son éducation. [1]

doit :
- donner caution *rem pupilli salvam fore* — obligation[2]
  - imposée aux tuteurs légitimes ou nommés sans enquête ;
  - dont sont dispensés les tuteurs testamentaires ou nommés après enquête ;
  - garantie, en cas de refus, par l'envoi en possession des biens du tuteur.
- administrer en bon père de famille ; [3]
- faire tous actes conservatoires ;
- vendre ce qui est sujet à dépérissement.

peut, comme tout mandataire, faire seul tous les actes à titre onéreux, sauf (1)[4] :
- la vente des immeubles ruraux ou suburbains (Septime Sévère) ; [5]
- et celle des meubles précieux (Constantin).

ne peut faire aucun acte à titre gratuit. [6]

agit en complétant la *personne juridique* (2) du pupille [7] :
- s'il s'agit de rendre pire la condition de ce dernier ;
- s'il s'agit d'un acte solennel dans lequel le concours personnel du pupille est nécessaire, pourvu qu'il soit sorti de l'*infantia* (3).

agit seul si le pupille est *infans* :
- pour l'acceptation d'hérédité, depuis Théodose et Valentinien ; [8] (3)
- pour l'action en justice, après la loi Æbutia.

Le pupille agissant seul

- à 7 ans, peut rendre sa condition meilleure, mais non pire. [9]
- s'il souscrit à cet âge un acte à titre onéreux :
  - oblige envers lui son contractant ;
  - ne s'oblige qu'en tant qu'il s'est enrichi. [10]
- à l'approche de la puberté, peut s'obliger par son délit.

La tutelle prend fin

du fait du pupille :
- par la puberté ;
- par la *capitis deminutio* :
  - *maxima*,
  - *media*,
  - *minima* ;
- par la mort du pupille.

du fait du tuteur :
- par la *capitis deminutio* :
  - *maxima*,
  - *media*,
  - *minima*, pour les tutelles légitimes (effet abrogé par Justinien) ;
- par la mort ;
- par l'arrivée d'un terme ou d'une condition résolutoire ;
- par la destitution du tuteur ;
- par la survenance d'un cas d'excuse.

La reddition de compte du tuteur donne naissance à trois actions :

- *actio tutelæ directa* — si le tuteur est reliquataire envers le pupille. [11]
- *actio tutelæ contraria* — si le pupille est reliquataire envers le tuteur ; [12]
- *actio de rationibus distrahendis* — dirigée contre le tuteur infidèle. [13]

Le *crimen suspecti*

- entraîne l'infamie, sauf contre l'incapable, l'ascendant ou le patron ;
- est intenté par toute personne, sauf le pupille impubère ;
- suspend tout droit d'administration ; [14]
- est poursuivi :
  - à Rome, devant le préteur,
  - en province, devant les présidents ou les lieutenants du proconsul ;
- constitue une action criminelle jugée, sans formule, par le magistrat.

---

(1) Dans ces deux cas, un décret du magistrat est nécessaire.
(2) C'est dans ce sens que les *Institutes* disent : *Tutor personæ datur, non rei.*
(3) Avant cette époque, on était contraint d'attendre que le pupille eût l'âge requis, malgré les inconvénients pouvant résulter notamment de l'*usucapio lucrativa pro herede.*

NOTES EXPLICATIVES.
Tutelle des femmes.

1. De 12 à 25 ans les femmes sont en curatelle ; elles ne sont donc en tutelle perpétuelle que lorsqu'elles ont atteint la *perfecta ætas*. **Controv.**

2. Elle peut l'obtenir par un acte législatif. — Le tuteur désigné par le père ou par le mari peut refuser la tutelle.

3. Un fou, un sourd peuvent y être admis puisque la femme gère elle-même ; si l'*auctoritas* est nécessaire, on nomme à la femme un tuteur *certæ causæ*. — Le *tutor cessitius* est dessaisi par la mort du cédant. — La femme peut toujours, par la *coemptio*, changer son tuteur légitime contre un tuteur fiduciaire.

4. La tradition d'une *res mancipi* place l'acquéreur *in causa usucapiendi*.

5. En cas de refus du tuteur, le préteur peut le contraindre à donner son *auctoritas*; cependant le patron et l'ascendant restent libres de donner ou de refuser leur autorisation à la femme qui veut tester.

6. Elles ont à cette époque un tuteur testamentaire ou datif.

Curatelle.

7. La curatelle donne lieu à l'action *negotiorum gestorum utilis* directe ou contraire.

8. Cependant le curateur désigné dans un testament est confirmé par le magistrat.
Dans l'ancien droit, l'agnat inhabile conservait son titre ; sous Justinien, il est remplacé par un curateur nommé par le magistrat.

9. La loi des douze Tables l'attribuait aux Gentils à défaut d'agnats, et à personne à défaut de Gentils. — Sont qualifiés prodigues, ceux qui dissipent la succession légitime de leur père ou d'un ascendant paternel : l'affranchi ne peut donc être interdit comme prodigue dans l'ancien droit, puisqu'il n'a point de *paterfamilias*. Le préteur répute prodigue le dissipateur, quelle que soit la provenance des biens dissipés.

10. C'est une création prétorienne qui repose sur l'idée de la protection de l'incapable ; toute autre était la curatelle du fou et du prodigue contre lesquels la loi des douze Tables protégeait les intérêts de leurs héritiers légitimes.

11. S'il est absent *reipublicæ causa*, s'il y a procès entre le tuteur et le pupille (auparavant, on nommait un tuteur *certæ causæ*). — Ne pas confondre le curateur adjoint à un tuteur inhabile avec l'*adjutor tutelæ*, sorte de sous-tuteur.

12. La loi *Plætoria* édictait, en cas de fraude, la nullité des engagements du mineur, l'infamie et l'inéligibilité de celui qui l'avait trompé. Postérieurement à cette loi, le préteur a créé la *restitutio in integrum*. Cette mesure est rendue plus rare par la généralisation de la curatelle ; elle suppose lésion, c'est-à-dire appauvrissement, et absence de tout autre recours ; elle s'applique à l'action comme à l'omission, et à la perte d'un droit né et actuel, bien qu'il y ait plutôt là manque de gain : elle est refusée au mineur lésé par son dol, par son délit, par un cas fortuit ou par des affranchissements : elle peut être exercée avant l'action *quod metus causâ* et doit l'être avant celle de dol, à cause de la peine quadruple et de l'infamie qu'entraîne cette dernière : en droit prétorien, elle peut être demandée pendant une année utile ; sous Justinien, pendant quatre ans.

13. Il s'agit de la reddition du compte de tutelle : le curateur nommé à cette occasion conserve ses fonctions : il s'ensuit que tout pupille reçoit forcément un curateur lorsqu'il devient pubère.

14. Ils restent pour les aliénations sous le Sén. Cons. de Septime-Sévère : la nullité est couverte par cinq ans à compter de l'âge de 25 ans. Cette faveur n'est accordée à la femme qu'à 18 ans et à l'homme à 20 ans.

15. Cette excuse est inapplicable au père. Une seule tutelle compliquée peut parfois excuser. — Les petits enfants ne comptent pour leur père que s'il est mort.

16. *Grammatici, rhetores, medici.* — Les militaires ont droit à excuse à moins d'un acquiescement de leur part. — L'exercice d'une magistrature n'autorise pas à quitter une tutelle commencée.

Tutelle des Femmes.

Les femmes *sui juris*[1]

sont en tutelle
- testamentaire par la volonté
  - du *pater-familiâs*
  - du mari
    - qui nomment directement le tuteur,
    - ou lèguent à la femme l'*optio tutoris*[2] — *plena, angusta* ;
- légitime des agnats, des patrons, de l'ascendant émancipateur (cette tutelle est un droit cessible quant à l'exercice) ; [3]
- fiduciaire du *manumissor extraneus* (tutelle incessible, car elle n'est pas imposée).

administrent elles-mêmes — il ne leur est pas rendu de comptes.

peuvent aliéner leurs *res nec mancipi*. [4]

ont besoin de l'*auctoritas* de leur tuteur
- pour intenter un procès de droit civil ;
- pour contracter une obligation ;
- pour faire un acte légitime. [5]

Les lois caducaires dispensent de tutelle { l'ingénue mère de 3 enfants ; l'affranchie mère de 4 enfants.

Claude supprime la tutelle légitime des agnats sur les femmes.[6]

Théodose fait disparaître la tutelle des femmes.

De la Curatelle.

La curatelle

- répond à une incapacité accidentelle ou anormale.[7]
- est légitime ou honoraire, mais jamais testamentaire.[8]
- est caractérisée par un *consensus* qui peut intervenir avant, pendant ou après l'acte.

est applicable
- aux fous (1) et aux prodigues (légitime ou honoraire) ; [9]
- aux insensés, aux sourds-muets (honoraire seulement) ; [10]
- aux pupilles, quand leur tuteur est momentanément incapable pour une cause de fait ou de droit ; [11]
- aux mineurs de 25 ans (2), (tutelle prolongée)
  - loi *plætoria* — *redditis causis* ; [12]
  - Marc-Aurèle — *non redditis causis* ;
  - sur la demande des tiers, en cas de { procès, paiement, reddition de compte ; [13]
  - excepté à ceux qui obtiennent de l'empereur la *venia ætatis*. [14]

est assujettie aux mêmes règles que la tutelle pour la satisdation et les excuses ;

en outre, le tuteur d'un impubère n'est point tenu d'accepter la curatelle de son ex-pupille.

Principaux cas d'excuse
- nombre d'enfants : 3 à Rome, 4 en Italie, 5 dans les provinces ; [15]
- gérance de 3 tutelles ou curatelles différentes ;
- absence pour le compte de l'Etat ;
- administration des biens du trésor public ;
- exercice d'une magistrature ;
- exercice d'une profession libérale ; [16]
- procès capital (sous Justinien, tout procès) avec le pupille ;
- contestation de l'état de tuteur par le père du pupille ;
- inimitié, haine capitale entre le père et le tuteur ;
- pauvreté, maladie, âge de 70 ans ;
- minorité de 25 ans — (sous Justinien ils sont, non excusés, mais incapables d'être tuteurs, même légitimes).

Les excuses doivent êtres présentées au magistrat qui nomme les tuteurs dans un délai de 50 jours, susceptible d'être augmenté si le tuteur réside à plus de quatre cents milles.

(1) Les fous sont incapables de concourir à n'importe quel acte.

(2) La curatelle des mineurs de 25 ans avait pour but de fortifier leur crédit en mettant ceux qui traitaient avec eux à l'abri, tant de l'action en nullité résultant de l'accusation de tromperie, que de la *restitutio in integrum* accordée par le préteur à tout mineur de 25 ans lésé par un acte valable en droit civil.

Appendice à la tutelle.

~~~~~~~~~~~~~~~~

Incapacité. — Sont incapables dans l'ancien droit les pérégrins, les esclaves, les femmes les impubères et les sourds-muets, sauf en ce qui touche les tutelles légitimes pour ces deu dernières classes.

Exclusion. — Justinien frappe d'exclusion les militaires et les mineurs de 25 ans jadis excusés, les évêques et les moines.

La grand'mère légitime et la mère légitime ou naturelle sont appelées à la tutelle à défaut de tuteur désigné par le père ; il est nécessaire qu'elles soient héritières présomptives et qu'elles s'engagent solennellement à ne pas se remarier et à ne pas invoquer le Sén. Cons. Velléien. Dans les autres cas elles sont exclues.

Sont exclus de toute tutelle, ceux qui ont été déclarés suspects. Il en est de même des débiteurs ou créanciers du pupille : le recel de cette qualité entraîne, pour les uns, une peine, et, pour les autres, la perte de leur créance.

Excuses. — Tout individu désigné comme tuteur et qui n'est pas cognat au 6me degré ni *sobrinus* peut user du *jus nominandi potioris*, c'est-à-dire, se faire décharger de la tutelle en révélant l'existence d'un parent audit degré, apte à exercer cette fonction.

Le fait d'invoquer une excuse entraîne pour le tuteur testamentaire déchéance du legs qui lui était destiné.

Ne peuvent s'excuser : les affranchis pour la tutelle des enfants du patron et de la patronne, celui qui a promis au testateur d'accepter la tutelle.

Peuvent se faire excuser : les vétérans pour les enfants de *pagani* ; les ingénus pour la tutelle d'un affranchi dont ils ne sont pas patrons ; les étudiants de Rome, les tuteurs domiciliés à une trop grande distance.

Pluralité de tuteurs. — En cas de gestion commune, les tuteurs d'un même pupille sont responsables *in solidum* ; toutefois, ils ont le droit d'exiger la mise en cause de leurs co-tuteurs et la cession des actions du pupille : cette responsabilité persiste quand bien même l'un des tuteurs est seul chargé de la gestion. Au contraire, si le père de famille ou le magistrat ont assigné à chaque tuteur un département, ils n'ont les uns vis-à-vis des autres qu'une responsabilité subsidiaire et jouissent du bénéfice de discussion.

On donne parfois au pupille un ou plusieurs tuteurs *rei notitiæ gratia* ; ce sont des conseillers responsables.

Les tuteurs ne gérant pas peuvent donner l'*auctoritas* ; tous doivent concourir à l'acte, à moins qu'ils n'aient été choisis par le père ou sur enquête. Sous Justinien, l'intervention simultanée de tous les tuteurs n'est requise que pour l'adrogation.

Du divorce.

~~~~~~

Le divorce, admis, dès l'origine de Rome, en théorie, n'a guère été pratiqué avant le règne d'Auguste; à cette époque, il devient plus fréquent par suite de la dissolution des mœurs et des pénalités que prononcent les lois caducaires.

Au début, il a lieu *bona gratia*, c'est-à-dire par mutuel consentement et sans être soumis à aucune forme, ou bien par répudiation, c'est-à-dire, par l'envoi du *repudium*. En outre, le divorce tacite résulte de l'adoption de la bru par le père du mari, de l'élévation du mari d'une affranchie à la dignité de sénateur, ou même d'un second mariage, ce qui exclut toute idée de bigamie.

La loi *Julia* exige qu'il y ait sept témoins du divorce et oblige au divorce le mari de la femme adultère.

Le père de famille, qui pouvait à l'origine signifier le *repudium* pour son fils, perd ce droit sous Marc-Aurèle, sauf les cas de folie de son fils ou de cause grave.

Justinien exige le consentement des père et mère au divorce, sous peine de perdre la dot ou la donation *propter nuptias*.

La femme divorcée a pour se remarier dix-huit mois, pendant lesquels elle est exempte des peines du célibat; mais aucun délai de veuvage ne lui est imposé; toutefois, elle a trente jours pour notifier sa grossesse; faute de cette notification, le mari peut désavouer l'enfant.

Anastase impose à la femme un délai de veuvage d'une année.

Justinien interdit le divorce par consentement mutuel, si ce n'est *propter castitatem*; il détermine comme suit les causes qui permettent de le demander :

En faveur du mari : Complot contre l'empire — adultère — attentat à la vie du mari tenté ou non révélé, — repas ou bain pris avec des hommes malgré le mari, — fait de découcher si ce n'est chez des parents et à moins que le mari n'ait mis sa femme hors de chez lui — fait d'aller au cirque ou au théâtre, *ignorante aut prohibente viro*;

En faveur de la femme : complot contre l'empire, — attentat contre la vie de la femme, fait de livrer sa femme, — accusation d'adultère non prouvée, — présence d'une maitresse du mari dans la maison conjugale ou rapports fréquents d'un mari avec une femme, dans la même cité, pourvu qu'il y ait deux fautes constatées.

En cas de divorce sans cause légitime, la femme est déportée et le mari privé du droit de se remarier : si la cause est légère et insuffisante, le droit de se remarier est retiré définitivement à la femme et pour deux ans au mari.

NOTES EXPLICATIVES.

Divisions des choses.

1. La division des institutes est fausse et équivaut à celle de Gaius *res in commercio* ou *extra commercium.*

2. On appelle *agri limitati*, le terrain dont les limites ont été solennellement arrêtées et marquées par un acte religieux accompli avec l'aide des *agri mensores.*

Agri non limitati, tous autres fonds, quand bien même les limites en seraient connues en dehors de l'accomplissement du rite religieux;

Agri quæstorii, les terres conquises et vendues au profit du Trésor;

Agri assignati, les terres, de même provenance, concédées à des vétérans ou à des citoyens;

Agri subsecivi, le restant des terres ainsi vendues ou distribuées;

Ager publicus, les terres réservées pour le domaine public et qui, comprenant les fonds italiques d'abord, puis provinciaux, étaient concédées aux citoyens, sans qu'ils en eussent la propriété quiritaire. Cette expression est opposée à l'*ager romanus.*

Les lois agraires eurent pour but d'arriver a une égale répartition de l'*ager publicus* entre les citoyens : on sait par l'histoire que ce but ne put être atteint.

3. L'hypothèque conventionnelle remplace l'aliénation fiduciaire et souvent le *pignus* : elle exige une dette, une chose susceptible d'être vendue et la capacité d'aliéner chez celui qui la constitue; elle peut porter sur les biens à venir, en tant qu'obligation, mais elle ne naît, en temps qu'hypothèque, qu'au fur et à mesure des biens. (Sous Justinien, la convention de biens à venir est présumée.) Elle est indivisible; s'il y a plusieurs créanciers, le premier seul l'exerce et remet aux suivants le restant du prix. On applique en cette matière la règle : *Prior tempore, potior jure;* toutefois, faute de publicité, la pratique de cette règle soulève des difficultés. — Léon déclare que l'hypothèque constituée par acte public et devant trois témoins l'emportera sur celle qui résulte d'un acte privé. — Les créanciers inférieurs ont vis-à-vis des créanciers supérieurs le *jus offerendæ pecuniæ* ou droit de les rembourser avec subrogation. L'hypothèque peut être acquise par dix ou vingt ans avec juste titre et bonne foi; la prescription libératoire est de quarante ans.

Les hypothèques non-conventionnelles et exprimées, sont :
Pignus prætorium, envoi en possession avec droit de suite;
Pignus judiciale, même envoi en cas d'inexécution d'un jugement.

Les hypothèques non-conventionnelles tacites sont :
Celle du bailleur sur les fruits et récoltes et sur le mobilier;
Celle du légataire sur les biens de la succession;
Celle du fisc sur les biens des administrateurs;
Celle des pupilles et mineurs de 25 ans sur les biens de leurs tuteurs et curateurs;
Celle des maris et femmes pour paiement ou restitution de la dot.

4. La cérémonie s'appelle : *dedicatio, consecratio;* la chose redevient profane par *exauguratio;* le caractère sacré est protégé par une action criminelle tirée de la loi *Julia peculatus.*

5. Il faut qu'il y ait inhumation réelle et à titre perpétuel : la sanction est dans l'action *de sepulcro violati* entraînant l'infamie et une peine pécuniaire.

6. Air, mer, rivage. — La construction élevée sur le rivage constitue une appropriation temporaire, moyennant autorisation préalable du magistrat.

7. 1° Domaine privé du peuple : choses confisquées ou prises sur l'ennemi,
2° Domaine public : routes, fleuves, rives.

8. *Universitates :* Cités, théâtres, stades, bains, etc.

LIVRE II.

—

Divisions des Choses (Titres 1 et 2).

—

On nomme chose tout ce qui a une utilité pour l'homme.

Res
- *in patrimonio nostro*[1]
  - *singulorum*
    - *mancipi* (1)
    - *nec mancipi*
      - corporelles — *quæ tangi possunt.*[2]
      - incorporelles (abstractions juridiques)
        - droits réels — (lutte de l'homme contre la nature — manifestée par la possession et présentant un caractère exclusif) :
          - propriété, (3)
          - servitude,
          - emphytéose, (2
          - gage,
          - hypothèque ;[3]
        - droits personnels — résultant des rapports sociaux — non exclusifs — concernant
          - l'état des personnes,
          - leur capacité,
          - leurs biens.
  - *derelictæ* — abandonnées ou sans maître.
- *cætrà nostrum patrimonium*
  - *divini juris*
    - *sacræ* — consacrées
      - aux dieux supérieurs,[4]
      - par une cérémonie religieuse ;
    - *religiosæ* — consacrées
      - aux dieux inférieurs — mânes des morts,
      - le consécrateur doit être propriétaire de la chose consacrée et capable d'aliéner ;[5]
    - *sanctæ* — assimilées aux choses religieuses — murs, portes d'une ville, ambassadeur, etc.
  - *communes* — dont l'usage est commun à tous les hommes ;[6]
  - *publicæ* — dont l'usage est commun à tous les membres d'une même cité ;[7]
  - *universitatis* — à la disposition d'une collection d'individus.[8]

nullius

Les modes d'acquérir la propriété se divisent en modes
- du droit des gens,
- du droit civil ;
- entre vifs,
- à cause de mort ;
- à titre particulier,
- à titre universel.

---

(1) Un professeur en a récemment donné la définition suivante : « Les choses *mancipi* sont celles que l'on peut acquérir par les modes du droit civil, y compris la mancipation, et par les modes du droit des gens, excepté la tradition. Les choses *nec mancipi* sont celles qui peuvent être acquises par les modes du droit civil, excepté la mancipation, et par les modes du droit des gens, y compris la tradition ».

(2) L'emphytéose s'applique aux *agri vectigales* des personnes morales et des empereurs, et à l'*ager emphyteuticus* des particuliers ; ce droit est protégé par une action *in rem* utile, appelée aussi *actio vectigalis*, et par des interdits donnés à l'emphytéote à l'exclusion des propriétaires. L'emphytéose comporte des servitudes *jure prætorio.*

(3) Il importe de distinguer l'*ager romanus*, susceptible de propriété Quiritaire, l'*ager italicus*, auquel la même faveur fut accordée avec l'exemption d'impôts (*jus italicum*) et l'*ager provincialis*, susceptible de propriété privée, mais sans le *dominium*, c'est-à-dire, non opposable à l'État qui peut exiger un tribut et confisquer arbitrairement. Le *jus italicum* a été accordé à des cités par faveur spéciale.

NOTES EXPLICATIVES.

Modes d'acquérir la propriété.

1. De ce nombre est le trésor.

2. Le possesseur de bonne foi acquiert par la séparation jointe à la consommation, et l'usufruitier par la seule perception.

M. Accarias nie l'existence d'un droit d'accession, et rattache à la loi l'acquisition des fruits : d'après cet auteur, il y aurait séparation, division de propriété et non droit nouveau. Dans ce système, la propriété du lit des fleuves appartiendrait aux riverains *non limitati* qui ne feraient, dès lors, en cas d'île ou d'alluvion, que rentrer en possession de leur bien ; si l'*ager* est *limitatus*, le lit du fleuve est *nullius* ; l'eau seule est publique. Même solution pour la route qui n'empêcherait pas l'acquisition de l'alluvion produit de l'autre côté. **Controv.**

3. Pour les matériaux volés et employés de mauvaise foi, action *furti* ;
pour les matériaux volés et employés de bonne foi, action *de tigno juncto* ;
pour les matériaux non volés et employés de bonne foi, action *in factum* ;
en cas de mauvaise foi, mais non de vol, action *ad exhibendum*, en outre de la précédente.

En cas de vente, l'acquéreur doit usucaper distinctement les matériaux après leur désagrégation ; autrement, il reste exposé à la revendication du propriétaire non désintéressé.

4. S'il a agi de mauvaise foi, il est réputé donateur.

5. Les racines poussées dans le sol du voisin lui valent la copropriété de l'arbre : Pomponius au contraire donne la propriété à celui dans le champ duquel est situé le tronc, et l'action négatoire à l'autre pour faire couper les racines. **Controv.**

6. S'il naît une seconde île, on calcule la moitié du fleuve entre la première île et la rive la plus rapprochée : en tout cas, l'île est commune entre les ayants-droit, mais non pas indivise.

7. D'après M. Accarias, il y aurait extinction d'une chose et création d'une *res nullius* qui appartiendrait au créateur soit *lege*, soit par occupation. **Controv.**

8. On nomme *ferruminatio* la fusion de deux métaux dont la séparation devient ainsi impossible, et *plumbatura* la soudure ou réunion de deux métaux par l'intermédiaire d'un troisième. L'action *ad exhibendum* peut être exercée ici, même en cas de bonne foi.

9. Dans ces deux derniers cas, il est difficile de ne pas voir une translation de propriété basée sur un droit nouveau, quel que soit le nom dont on le qualifie. **Controv.**

10. Lorsque la tradition a été appliquée à une chose *mancipi*, on oppose à la revendication du propriétaire l'exception *rei venditæ et traditæ*.
La *derelictio* constitue une tradition *incertæ personæ*.

11. Il n'y a acquisition du domaine quiritaire que dans un *judicium legitimum* ; autrement, la chose est *in bonis*. Les actions en partage sont sans effet rétroactif ni déclaratif ; les droits réels antérieurement conférés subsistent indivis. Dans l'action *finium regundorum* l'adjudication est accidentelle et suppose un déplacement de bornes ou une rectification suivie d'indemnité.

12. On peut encore citer le legs *per vindicationem*, et la moitié du trésor acquise en vertu d'une constitution d'Adrien au propriétaire dans le fonds duquel il est trouvé : l'inventeur acquiert par occupation.

Modes d'acquérir la propriété (Titre 1).

Modes

du droit des gens

- **occupation**
  - pour les choses { *nullius* et susceptibles d'être acquises ; [1]
  - réalisée par une prise de possession } *corpore et animo.*

- **accession**
  - **des fruits acquis** { au possesseur *animo domini*, de bonne foi, au propriétaire, à l'usufruitier, par la séparation de l'objet producteur ou la perception. [2]
  - **sur les immeubles**
    - **par le fait de l'homme**
      - **con-structions** { sur son terrain, avec les matériaux d'autrui, de bonne ou de mauvaise foi — démolition inexigible — *actio de tigno juncto* ; [3]
        sur le terrain d'autrui, avec ses matériaux, de bonne foi — *jus retentionis* et *exceptio doli mali.* [4]
      - **plan-tations** [5] { mêmes règles. l'accession résulte de la pousse des racines ; l'actio de tigno juncto est remplacée par l'actio in factum.
    - **sans le fait de l'homme**
      - alluvion — appartient au propriétaire de l'*ager non limitatus*, ou au premier occupant si l'*ager* est limité ;
      - terrain transporté — peut être réclamé par le propriétaire jusqu'à ce que les arbres s'enracinent ;
      - Iles — acquises aux riverains propriétaires d'un *ager non limitatus* ; [6]
      - changement de lit d'un fleuve. — accession de l'ancien lit au profit des riverains — le second lit devient chose publique ;
      - inondation — accident ne changeant rien à la propriété.
  - **sur les meubles**
    - **spécifi-cation** (1) [7] { sabiniens — *materia dat esse rei* { *actio furti,*
      proculiens — *forma dat esse rei* { *in factum,* *ad exhibendum.*
    - adjonction [8] — la chose principale en valeur, utilité et volume l'emporte ;
    - confusion des liquides — co-propriété indivise, sauf le cas où il y a spécification ;
    - mélange — mêmes règles. [9]

- **tradition** { droit de propriété, volonté et capacité d'aliéner chez le vendeur ;
  volonté et capacité d'acquérir chez l'acheteur. [10]

du droit civil

- mancipation — applicable aux choses *mancipi* ;
- *cessio in jure* — applicable aux choses *mancipi* et *nec mancipi* ;
- tradition — avec juste cause — pour les choses *nec mancipi* ;
- usucapion — pour les choses *mancipi* et *nec mancipi* ;
- adjudication { *familiæ erciscundæ,* *communi dividundo,* *finium regundorum,* } pour les choses *mancipi* et *nec mancipi* ; [11]
- la loi — notamment les lois caducaires (*Julia et Papia Poppæa*). [12]

---

(1) Justinien décide que le propriétaire de la matière conserve l'objet transformé si l'on peut le ramener à l'état primitif ; dans le cas contraire, il appartient au spécificateur.

NOTES EXPLICATIVES.

Des servitudes.

1. Les uns divisent les servitudes réelles en urbaines et rurales, suivant que, théoriquement, elles impliquent ou non l'idée de construction; d'autres prennent pour base de leur classement le fait que la servitude est continue ou discontinue et implique, par suite, ou non le fait de l'homme. Suivant un troisième système, la qualité du fonds dominant imprime à la servitude son caractère rural ou urbain, quelle que soit la nature du fonds servant. **Controv.**

2. La *via* comporte un chemin large de huit pieds en ligne droite et de seize dans les contours.

3. En principe, cette servitude ne comporte pas de conduits en pierre.

4. On rencontre encore les servitudes *lapidis eximendi, cretæ eximendæ.*

5. La première a trait aux gros ouvrages et la seconde aux constructions légères.

6. Les textes mentionnent encore les servitudes suivantes :
   Jus prospiciendi — droit de vue et de coup d'œil;
   Jus projiciendi — droit d'avoir un balcon en saillie;
   Jus protegendi — droit de faire avancer un toit;
   Jus luminum — droit de jour en dedans de dix pieds;
   Jus ne luminibus vicini officiatur — défense de diminuer le jour par des plantations ou des constructions.

7. Ces modes de constitution ne comportent pas de terme; toutefois on peut recourir, en cas de conventions à ce sujet, à l'exception prétorienne de dol.
   En province, les servitudes sont constituées par pactes et stipulations, faute d'aptitude du sol à la propriété quiritaire et à la mancipation.

8. Il s'agit du legs *per vindicationem ;* autrement, il faut que la servitude soit constituée par un mode quelconque.

9. C'est l'usucapion du fonds dominant avec la servitude active dont il jouit, mais non l'usucapion directe de la servitude ; cette usucapion a peut-être été admise, mais abrogée par une loi *Scribonia.*

10. Lorsque cette translation est effectuée par simple tradition, car autrement, la *detractio* ou *deductio servitutis* pourrait la constituer *jure civili.*

11. Ou plutôt *diuturnus usus ;* le juge, en cette matière, peut trouver insuffisant le délai de 10 et 20 ans; en revanche, la bonne foi sans juste titre suffit si la possession est sans vice : toutefois, pour les servitudes négatives, il faut une *justa causa* ou acte apparent. **Controv.**
   Le droit prétorien respecte le *dies ad quem* et la *conditio ad quem.*

12. Le rétablissement doit, pour être efficace, avoir lieu dans les deux ans.
   La remise ou renonciation éteint la servitude, soit directement, par *cessio in jure* ou *mancipatio,* soit indirectement, par l'exception de dol.

13. Suivant d'autres, c'est plutôt un mode d'extinction partielle ou de modification d'une servitude; il y aurait là une conséquence exagérée du principe de l'indivisibilité. La première explication est cependant justifiée par des textes qui parlent de règlements sur la hauteur des maisons. **Controv.**
   Les Romains posent en principe *servitus servitutis esse non potest ;* ils en déduisent l'incessibilité des servitudes et l'impossibilité de constituer une servitude prédiale sur un fonds usufructuaire.
   On nomme *superficies* le droit de jouir d'une construction établie sur le sol d'autrui. Cette sorte de servitude résulte de bail, vente, testament ou autre acte valable en droit civil : c'est un droit réel protégé par une action *in rem* utile, et qui peut être grevé de servitudes réelles ou personnelles garanties elles-mêmes par des actions utiles.

Des Servitudes (Titres 3 à 5).

Les servitudes sont
- réelles ou prédiales — relations entre immeubles ; [1]
- personnelles — constituées en vue des personnes.

I. Les Servitudes prédiales

se divisent en

rurales :
- se rattachant aux fonds de terre ;
- *iter* / *actus* / *via* [2] — droit de passage plus ou moins étendu ;
- *aquæ ductus* — droit d'aqueduc ; [3]
- *aquæ haustus* — droit de puiser de l'eau ;
- *pecoris ad aquam appulsus* — droit d'abreuver les troupeaux ;
- *jus pascendi pecoris* — droit de pacage ;
- *jus calcis coquendæ* — droit de fabriquer le plâtre ;
- *jus arenæ fodiendæ* — droit d'exploiter une carrière ou une mine. [4]

urbaines :
- spéciales aux propriétés bâties ;
- *oneris ferendi* / *tigni immittendi* — appui de constructions — oblige celui qui y est soumis à entretenir le mur de soutien ; [5]
- *stillicidii vel fluminis recipiendi vel avertendi* (1) — écoulement de l'eau des toits ;
- *altius tollendi vel non tollendi* (1) — élévation des constructions. [6]

s'acquièrent,

suivant le droit civil, par [7] :
- *mancipatio* — mode spécial aux servitudes rurales ;
- *cessio in jure* ;
- adjudication :
  - *familiæ erciscundæ* — partage entre cohéritiers,
  - *communi dividundo* — licitation d'un bien indivis,
  - *finium regundorum* — action en bornage ;
- testament ; [8]
- usucapion. [9]

suivant le droit prétorien, par :
- quasi-tradition ;
- rétention ou réserve lors de la translation de propriété ; [10]
- *quasi possessio longi temporis* ; [11]
- adjudication dans les instances non légitimes.

sous Justinien, par :
- quasi-tradition ;
- rétention ou réserve — *deductio servitutis* ;
- adjudication — dans une instance légitime ou non ;
- legs dans un testament ;
- *prescriptio longi temporis*.

s'éteignent par

non-usage :
- pendant 2 ans (ancien droit)
- pendant 10 ans entre présents / 20 ans entre absents } sous Justinien } à compter :
  - du dernier acte régulier fait par qui que ce soit *domini nomine* ;
  - d'un acte contraire — *usucapio libertatis*.

- perte, destruction ou transformation d'un des fonds, sauf rétablissement ; [12]
- confusion, sauf le cas de vente partielle (*nemini res sua servit*) ;
- résolution du droit du constituant (*resoluto jure dantis, resolvitur jus accipientis*).

---

(1) On explique ces servitudes contradictoires par l'existence de sortes de servitudes légales que l'on suppose avoir existé en matière de construction d'édifices et d'écoulement des eaux, et dont on s'affranchissait en acquérant une servitude contraire. [13]

NOTES EXPLICATIVES

Des servitudes (Suite).

1. La mancipation n'y est pas applicable : le legs dont il s'agit est le legs *per vindicationem*; la constitution de l'usufruit comporte un terme et des modalités, car c'est un droit temporaire.

2. Il s'agit de conventions avec clause pénale et action *ex stipulatu*.

3. Le part de l'esclave considéré comme fruit avant Cicéron, cesse de l'être depuis Brutus.

4. Le croît des animaux est acquis par le seul fait de la naissance.

5. En cas de bail d'une ferme, si l'usufruitier meurt au milieu de la récolte, le loyer est partagé proportionnellement entre le nu-propriétaire et les héritiers de l'usufruitier. L'acquisition n'a lieu jour par jour que lorsque les fruits civils ne représentent pas des fruits de la terre, par exemple, le loyer d'un esclave. — Le droit d'exiger les fruits civils à la dissolution de l'usufruit appartient à celui qui a traité ou à ses représentants; l'autre n'a qu'un recours.

6. Sinon, il est passible de l'action de la loi *Aquilia*

7. Elle est sanctionnée par une *condictio*; le testateur ne peut en dispenser l'usufruitier qui, par l'action *ex stipulatu*, doit rendre *quod exstabit*.

8. Si l'usufruit est constitué sur la tète d'un fils de famille ou d'un esclave, il ne s'éteint qu'à la mort du *paterfamilias* qui en bénéficie, s'il est constitué entre vif; sinon, il périt avec le fils ou l'esclave titulaire. Suivant Justinien, la mort du maître est le terme, si le droit est acquis par un esclave; s'il est acquis au fils, on attend la mort du père et celle du fils.

L'usufruit dure cent ans, s'il est constitué au profit d'une personne morale. — Si un âge est indiqué, on l'attend, même si la personne est morte; c'est un terme.

9. Pendant un et deux ans, dans le droit classique; durant trois, dix ou vingt ans, sous Justinien.

10. Dans l'ancien droit, elle doit avoir lieu par *in jure cessio*; sinon, elle ne donne lieu qu'à l'exception de dol.

11. A défaut de fidéjusseurs, il y a *condictio incerti* ou *certi*, ou suivant d'autres, action *in factum*.

12. C'est un petit usufruit mesuré sur les besoins du titulaire. (Accarias.)
Il entraîne défense de céder son droit et est indivisible.

13. Il n'est pas permis de céder le droit, ni de le donner.

Les *operæ servi aut animalis* sont une sorte de droit d'usage; toutefois, ce droit peut être loué; il ne s'éteint ni par non usage, ni par *capitis deminutio*; il s'éteint par l'usucapion de la chose; il se transmet aux héritiers.

Des Servitudes (Suite).

II. Les servitudes personnelles se divisent en

usufruit

- **constitué**
  - **avant Justinien par**
    - *in jure cessio* — entre-vifs ; [1]
    - **legs**
      - direct de l'usufruit — l'héritier reste nu-propriétaire,
      - direct de la nu-propriété — l'héritier reste usufruitier,
      - de l'usufruit à un tiers et à un autre de la propriété, *deducto usufructu* ;
    - quasi-tradition — innovation du préteur sanctionnée par l'action publicienne.
  - **sous Justinien par**
    - tradition ;
    - legs avec action réelle ;
    - la loi, qui donne au père l'usufruit du pécule adventice de son fils ;
    - fidéi-commis ;
    - pactes et stipulations, à défaut de droit direct ; [2]
    - prescription de 10 et 20 ans (point controversé).

- **donne droit**
  - sur les choses corporelles non consommables par le premier usage.
  - aux services de la chose — utilités qu'elle produit sans s'amoindrir.
  - **aux fruits**
    - produits périodiques d'une chose d'après sa destination ; [3]
    - naturels — acquis par la perception ; [4]
    - civils — acquis jour par jour. [5]

- **entraine l'obligation de**
  - jouir en bon père de famille ; [6]
  - dénoncer toute usurpation au propriétaire ;
  - exercer les servitudes ;
  - entretenir le fonds ;
  - payer les frais des procès ;
  - payer les impôts de la jouissance ;
  - donner caution — innovation prétorienne. [7]

- **s'éteint par**
  - mort de l'usufruitier ; [8]
  - *capitis deminutio*, même *minima* avant Justinien
  - perte ou transformation de la chose ;
  - non-usage ; [9]
  - consolidation ;
  - renonciation au profit du nu-propriétaire ;
  - arrivée du terme ou de la condition ;
  - résolution du droit du constituant.

quasi-usufruit

- institué sous Tibère ;
- **constitué**
  - sur les choses consommées par premier usage,
  - sur les choses incorporelles,
  - par testament ;
- entraine translation de propriété et déplacement des risques ;
- ne s'éteint pas par la perte fortuite — la restitution est garantie par des fidéjusseurs. [11]

usage

- consistant au début dans le *nudus usus* ; [12]
- étendu à la perception des fruits nécessaires à la consommation personnelle de l'usager ;
- constitué comme l'usufruit, sauf par la loi.

habitation

- succession de droits naissant jour par jour ;
- droit jamais éteint par le non-usage, ni par la *minima capitis deminutio* ;
- consistant dans l'usage personnel d'une maison ;
- devenu l'usufruit d'une maison sous Justinien qui permet de la louer. [13]

NOTES EXPLICATIVES.

De l'usucapion et de la prescription.

1. C'est le droit civil se prêtant lui-même à la réparation de ses injustices et de ses insuffisances. (Accarias.)

2. L'usucapion fixe la *justa causa* et astreint par suite le bénéficiaire aux charges résultant du titre qu'il a invoqué (paiement d'un prix de vente, charges de donation, etc.).

3. Ces titres sont : *pro emptore, dote, donato, transactione, legato, judicio, derelicto, noxæ dedito, soluto suo.* — Le titre putatif ne peut, suivant les Institutes, suppléer le titre réel : les jurisconsultes admettaient des exceptions à cette règle. **Controv.**

4. Peut-être cette bonne foi devait-elle, pour les choses données, persister jusqu'à la fin de l'usucapion.

5. Cette doctrine était la conséquence des termes de l'édit : « *Qui bona fide emit.* »

6. Ce délai se compte de jour à jour, non compris le premier.

7. L'interruption de l'usucapion s'appelle *usurpatio* ; l'interruption persiste malgré le retour à l'interdit *unde vi* ; il en est différemment pour l'*utrubi* et l'*uti possidetis*. — Lorsque l'usucapion s'accomplit *pendente lite*, elle a pour effet d'empêcher le demandeur d'exiger la restitution, mais ne lui enlève pas ses droits à une indemnité puisque la *litis contestatio* sert de base et de date pour le règlement du litige. Cette indemnité prouve que l'usucapion ne rétroagit pas ; il en est de même à l'égard des choses acquises par l'esclave soumis à l'usucapion et possédé de bonne foi : ces choses sont acquises au maître quand même l'usucapion s'accomplirait ultérieurement. (Accarias.)

7 *bis.* L'impossibilité d'usucaper les choses volées, fût-on de bonne foi, rend l'usucapion presque inapplicable aux meubles. Les Institutes en citent pourtant deux exemples : celui d'un héritier qui a vendu de bonne foi une chose prêtée à son auteur et qu'il croyait appartenir à ce dernier; et celui de l'usufruitier qui a vendu le part d'une esclave, croyant avoir le droit d'en disposer.

8. Il s'agit seulement des *res mancipi* et de l'époque où la tutelle des femmes était sérieuse.

9. Cette règle est de Théodose II : elle a été étendue aux *prædia rustica* des pupilles ou individus en curatelle.

10. A cette énumération, il convient d'ajouter les choses données à un magistrat contrairement à la loi *Julia repetundarum* et les biens du fisc. Les biens vacants, non déclarés au fisc, peuvent être usucapés; ils le peuvent également après les 4 ans pendant lesquels le fisc peut exercer ses droits. — Zénon crée une prescription instantanée applicable aux biens vendus par le fisc; Justinien l'étend aux biens donnés par l'empereur et l'impératrice : pendant 4 ans, le fisc reste soumis au recours des tiers.

11. Au début, cette usucapion porte sur l'ensemble de l'hérédité et est instituée dans l'intérêt des créanciers et dans un but religieux ; plus tard elle porte exclusivement sur la chose corporelle possédée. Les conditions requises sont au nombre de quatre : il faut que l'usucapion porte sur des *res hereditariæ*, que l'hérédité soit jacente, que celui qui veut usucaper ait faction de testament et qu'il y ait une prise de possession nouvelle. (Celui qui possédait antérieurement ne peut que continuer sa possession, quelle qu'elle soit.) Le Sén. Cons. d'Adrien décide qu'elle peut être révoquée par une *petitio hereditatis fictitia*, à la requête de l'héritier et du *bonorum possessor* ; elle ne survit qu'à défaut de ces deux personnes. Marc-Aurèle crée le *crimen expilatæ hereditatis.*

12. Le délai de l'*usureceptio* est d'un an sans distinction.

13. Le délai est celui de l'usucapion ordinaire : il y avait sans doute indemnité au trésor ou à l'acheteur à qui le gage avait été vendu.

14. Cette interruption persiste même si le procès est abandonné.

15. Cette prescription, établie par Théodose le Jeune, ne confère pas la propriété ni la revendication : celui qui reçoit du possesseur de 30 ans doit prescrire lui-même par 10 et 20 ans. Cette prescription est seule applicable sous Justinien, aux biens des mineurs de 25 ans.

16. M. Accarias conteste la possibilité d'interrompre sous Justinien l'usucapion *litis contestatione* et veut qu'il y ait une prescription distincte de la propriété et des autres droits réels. **Controv.**

De l'Usucapion et de la Prescription (Titre 6).

L'usu-capion

est une institution de droit civil ; [1].

s'applique
- aux droits corporels et aux choses susceptibles de propriété quiritaire ;
- dans deux cas
  - lorsqu'une chose *mancipi* a été livrée par simple tradition,
  - lorsqu'une chose quelconque a été acquise *à non domino*.

emporte translation de la propriété quiritaire telle qu'elle existait dans les mains du précédent propriétaire. [2].

exige cinq conditions
- **juste titre**
  - acte qui révèle chez le précédent possesseur l'intention d'a-liéner ; [3].
  - l'erreur de fait, étrangère au possesseur, est seule admise.
- **bonne foi**
  - fait ou croyance que l'on a traité avec le propriétaire ;
  - nécessaire au début de la possession ; [4].
  - en matière de vente, elle doit exister au moment du contrat et de la tradition. [5].
- **pos-session**
  - *corpore* — par soi-même ou par autrui ;
  - *animo* — l'intention doit exister chez celui qui veut usucaper.
- **délai légal**
  - un an pour les meubles, deux ans pour les immeubles ; [6].
  - pouvant s'accomplir, *pendente lite*, tant qu'il n'y a pas interruption de fait ; [7].
  - le successeur à titre universel continue toujours la possession de son auteur : le successeur à titre particulier, ne jouit de ce bénéfice que s'il est de bonne foi.
- **absence de vice**
  - chose hors du commerce,
  - chose volée (loi *Atinia* et loi des douze tables), [7 bis].
  - immeuble occupé par violence (loi *Julia de vi*),
  - biens des femmes en tutelle [8],
  - biens des impubères [9],
  - précarité [10],

est dispensée de juste titre et de bonne foi dans (1)
- l'*usucapio lucrativa pro herede* — accomplie par un an — abrogée par Adrien et Marc-Aurèle ; [11].
- l'*usureceptio* dans le cas d'aliénation, avec contrat de fiducie, d'un objet donné en dépôt ou en gage ; [12].
- l'*usureceptio ex prædiaturá*, si le gage avait été donné au trésor. [13].

Præscriptio longi temporis
- introduite par le droit prétorien ;
- exige juste titre et bonne foi ;
- s'accomplit par 10 ou 20 ans, avec interruption *litis contestatione* ; [14].
- s'applique à tous biens et à toutes personnes ;
- confère la propriété bonitaire pleine et entière ;
- donne une exception au début, plus tard une action utile.

Præscriptio longissimi temporis — éteint toute action
- après trente ans ;
- sans juste titre ni bonne foi. [15].

Sous Justinien
- les meubles se prescrivent par trois ans ;
- les immeubles se prescrivent par 10 ou 20 ans ;
- la prescription entraine acquisition de la propriété pleine et entière ; [16].
- les autres règles de l'usucapion du droit civil sont maintenues ;
- la prescription trentenaire est maintenue telle quelle (2)

(1) Le juste titre et la bonne foi ne sont ni nécessaires ni utiles pour transformer la propriété bonitaire en propriété quiritaire.

(2) On rencontre encore dans les textes une prescription de quarante ans applicable à défaut de toute autre, et, notamment, aux biens des églises, et une prescription de cinquante ans relative au droit de confiscation des sommes payées à titre de dettes de jeu.

NOTES EXPLICATIVES.

Des donations.

1. La constitution ou l'extinction d'une hypothèque ne peuvent faire l'objet d'une donation; car il y a naissance ou retranchement d'une sûreté accessoire, mais non enrichissement ou appauvrissement du créancier. — La donation par cession de créance est assimilée au mandat : dès lors, elle est révocable jusqu'à ce qu'il y ait eu paiement ou *litis contestatio* : elle échappe donc au *modus Cinciæ*.

2. Sauf certains cas où la donation n'est pas conventionnelle (refus d'un legs dans l'intérêt de l'héritier, etc.).

3. Il faut qu'il y ait un écrit signé et remis au donataire.

4. Ce taux, inconnu de nos jours, se nomme *modus legitimus* ou *modus Cinciæ*, et l'exception s'appelle : *legis Cinciæ*. — La loi *Cincia* défendait aux avocats de recevoir quoi que ce fût à titre de rémunération : cette prescription, mal observée, fut remplacée, sous Claude, par une limitation à 10.000 sesterces. — Les *personæ exceptæ* sont les cognats au cinquième degré et les individus en leur puissance, certains alliés, l'époux, le patron de l'affranchi, le pupille du tuteur, enfin, *dotis causa*, les femmes et les cognats quelconques. — La loi *Cincia* n'est pas applicable aux donations à cause de mort : *morte Cincia removetur*. La donation faite *ultra modum* est parfaite par une mise en possession irrévocable et reste une juste cause d'usucapion; mais si le paiement a été fait par erreur, il y a *condictio indebiti*. Enfin, si le donataire oppose l'*exceptio rei donatæ et traditæ*, le donateur pourra user de la *replicatio legis Cinciæ* et faire usage de l'interdit *utrubi* pour les choses mobilières *nec mancipi*, pourvu qu'il y ait une possession de plus de 6 mois dans l'année. — La loi *Cincia* est invocable, sous forme d'exception ou de réplique, par tous intéressés; elle s'applique à la donation entière. D'après certains auteurs, elle serait *lex imperfecta*. **Controv.**

5. Si l'objet excédant la somme a été livré, il y a lieu à retrait ou à indemnité, suivant qu'il est ou non du double de 500 solides. — Le décès ne confirme pas la donation, qui n'est jamais une cause d'usucapion. Constance Chlore avait exigé l'insinuation pour toutes les donations.
La donation faite au fils par le père, soumise aux règles des pécules dans l'ancien droit, est confirmée, sous Justinien, par le silence du père jusqu'à sa mort. Si pourtant l'insinuation avait été négligée, la donation ne pouvait être confirmée que par une disposition testamentaire et était traitée, non comme préciput, mais comme donation *mortis causa*. — Celui qui a promis de donner la chose d'autrui n'est pas tenu à garantir autre chose que son dol, à moins de convention expresse.

6. Dans ce cas, elle a plutôt les caractères d'une donation à cause de mort.

7. D'abord, il y avait *condictio ob rem dati*, puis *actio præscriptis verbis* ou *vindicatio utilis*; en outre, si le bénéficiaire de la clause est un tiers, il a l'action *ex stipulatu* utile.

8. Le patron est seul juge de la révocation.

9. Ce droit est ouvert d'abord au père et à la mère honnête et non remariée.

10. Injures, violences, mise en péril, préjudice considérable. — Le juge y statue par une *condictio ex lege*.

11. La convention de donner n'est pas obligatoire : cette donation est dispensée d'insinuation, mais faite devant cinq témoins (fidéicommis verbal); elle est résiliée, s'il y a eu dation, d'abord par une *condictio ob rem dati* sous réserve des droits des tiers; après, par une *condictio* ou revendication utile.

12. A ceux d'usage, qui n'enrichissent pas le donataire (terrain religieux) et qui n'appauvrissent pas le donateur (répudiation de legs).

13. La donation est alors présumée pure et simple; s'il y a simple promesse, elle est présumée faite sous condition de mariage. A partir de Théodose, la dot se constitue en outre par promesse ou simple pacte.

14. La faculté de réduire la dot *constante matrimonio* est admise sous Justinien.

15. En cas de mort de la femme; en cas de mort du mari ou de divorce, elle est rendue à la femme.
La restitution a lieu par l'action *rei uxoriæ* ou *ex stipulatu*, ou par *condictio*, ou par l'action *præscriptis verbis* suivant les cas.

Des Donations (Titre 7).

La donation { est une cause légitime d'acquisition impliquant { intention de donner ; [1] / enrichissement du donataire; / appauvrissem[t] du donateur.

exige le consentement du donataire. [2]

Entre-vifs

est réalisée { par un mode quelconque de translation de propriété ; / par tout autre moyen (remise de dette, abandon de servitude, etc.).

le consentement seul { déclaré inopérant par le droit civil ; / est reconnu suffisant par Antonin pour créer une obligation entre ascendants et descendants ; [3] / donne à toute personne, sous Justinien, la *condictio ex lege,* moyennant un pacte légitime.

est restreinte { par la loi *Cincia,* à un taux maximum, inapplicable à la famille (le donataire non payé était repoussé par une exception); [4] / par l'insinuation, applicable seulement au delà de 200 solides et, par Justinien, au delà de 500 solides, sauf les donations de charité (le donateur pouvait revendiquer ce qu'il avait payé en excédant).[5]

produit un effet actuel, sauf le terme ou la condition.

est irrévocable sauf quatre cas: { clause contraire permettant au donateur de revenir sur sa donation.[6]

inexécution des charges { avec effet rétroactif opposable aux tiers ; [7] / la poursuite peut être dirigée contre les héritiers du donataire par ceux du donateur ; / la chose ou le prix peuvent être revendiqués.

ingratitude { sous l'empereur Philippe, entre patrons et affranchis ; / sous Constantin, entre ascendants et descendants ; [9] / sous Justinien { entre toute personne, *certis ex causis,* [10] / sans effet rétroactif, / inapplicable aux héritiers du donataire, / peut être continuée, mais non intentée par les héritiers du donateur.

survenance d'enfants — entre patrons et affranchis seulement.

A cause de mort { libéralité faite en vue de la mort du disposant et d'un danger déterminé ou non ; / est toujours révocable et devient caduque par le prédécès du donataire ; / est susceptible de toutes les modalités (condition, etc.); / est toujours conditionnelle sous un rapport, le prédécès du donateur. [11]

Entre époux { permise, mais inusitée dans le droit civil, par suite de la *manus* ; / interdite par la coutume, lorsque la *manus* tomba en désuétude ; / était applicable { *exilii, divortii, mortis, honoris causâ* ; / aux dons de revenus [12] ; / est valable sous Justinien, si l'époux donateur meurt sans l'avoir révoquée.

Dot { don au mari par la femme, les siens ou un étranger, sous condition de mariage ; / spéciale au mariage sans *manus* ; / est constituée avant ou pendant le mariage { par les modes translatifs de propriété, [13] / par la *dictio dotis,* la stipulation ou tout autre moyen / est permise entre époux et dispensée d'insinuation ; [14]

est restituée { à la femme survivant à la dissolution du mariage ; / à défaut de la femme { la dot profectice, à l'ascendant donateur, / la dot adventice, au mari [15], / la dot réceptice, au constituant ; / sous Justinien, sans distinction de provenance, à la femme ou à ses héritiers.

Donation à cause de noces { don fait à la femme par son mari ou par un tiers ; / introduite par l'usage sous les empereurs chrétiens ; / est définitivement acquise à la femme { en cas de déconfiture du mari ; / si le mari donne lieu au divorce ; / est restituée au mari ou à ses héritiers lors de la dissolution du mariage.

NOTES EXPLICATIVES.

De la capacité d'aliéner et de l'acquisition.

1. Il y a doute sur la question de savoir si la loi *Julia de adulteriis et de fundo dotali* a réellement statué sur l'hypothèque.

2. La nullité n'est invocable que si la femme a droit à restitution de sa dot et alors seulement que ce droit est ouvert. En principe, l'exercice de l'action en nullité appartient au mari ou à ses héritiers; mais la femme agit comme cessionnaire effective ou présumée.

3. Dans cette action, le demandeur a l'avantage de pouvoir fixer sous serment le montant de la condamnation.

4. Cette aliénation a lieu par tradition suivie d'usucapion : le premier créancier hypothécaire jouit des mêmes droits.

5. Il devient la propriété du fils, si le père ne le lui retire pas en l'émancipant.

6. Pour ce pécule, le fils de famille a droit d'emprunter malgré le S. C. Macédonien et d'actionner son père en justice. Adrien lui donne à cet égard le droit de tester, mais non pas de laisser un héritier *ab intestat* : à défaut de testament, le père recueillait au début *jure peculii*; sous Justinien, il recueille *jure communi*; or, le droit commun en matière de pécule, à l'époque de Justinien, c'est la succession (Ortolan admet l'interprétation contraire en se basant sur l'ensemble des règles successivement admises en matière de pécule, aux différentes époques du droit romain).

7. Pour ce pécule, le droit de tester ne date que de Justinien.

8. Avant Justinien, il conservait le tiers en propriété. — Ce pécule, créé par Constantin, est accessible à tous, même aux filles. Le titulaire n'en peut disposer par testament, bien qu'il puisse le faire par donation à cause de mort; la succession a lieu *jure peculii* jusqu'à Justinien, qui organise un système de succession *ab intestat*.

Etant donnée une hérédité acquise à un fils de famille :

S'il est majeur de 25 ans, il prend le parti qu'il veut et son père aussi;

S'il est pubère, mais mineur de 25 ans, le père lie son fils; cependant ce dernier peut, suivant les cas, recourir à la *restitutio in integrum* ou faire adition avec un curateur spécial;

Si le fils est impubère, il peut faire adition lorsqu'il a acquis la capacité, ou se faire restituer contre l'acceptation faite par son père.

9. On n'acquiert pas par l'esclave reçu en gage; d'autre part, comme le propriétaire ne possède plus lui-même l'esclave, il s'ensuit que le gage anéantit la possession de l'esclave et ses effets. — Si l'esclave a entendu acquérir pour un autre que pour son maître, alors que le *tradens* voulait favoriser ce dernier, l'acte est nul suivant Julien, et valable pour le maître, suivant Ulpien. **Controv.**

10. Il acquiert, en outre, à l'usufruitier les legs et donations faits à l'esclave en vue de l'usufruitier.

L'esclave ne peut acquérir par *in jure cessio*, ni par *adjudicatio*, car il ne peut figurer dans les *legis actiones*.

11. Toutefois, si l'acte a été fait *ex causa peculiari*, l'*animus* de celui qui agit remplace celui du maître en vertu d'un mandat tacite : il en est de même de l'*animus* du mandataire proprement dit et des tuteurs, curateurs, administrateurs des cités.

De la Capacité d'aliéner et de l'Acquisition (Titres 8 et 9).

En principe, pour aliéner une chose, il faut en être propriétaire.

le mari, qui ne peut
- en vertu de la loi *Julia* :
  - aliéner *invitâ uxore* / hypothéquer *etiam volente* } un immeuble dotal situé en Italie.[1]
- sous Justinien : ni aliéner ni hypothéquer } un fonds dotal quelconque, *etiam volente uxore*.[2]

1ʳᵉ exception : sont propriétaires et ne peuvent aliéner :

l'impubère
- s'il fait un *mutuum* :
  - a droit de revendiquer les écus, tant qu'ils existent en nature.
  - autrement a :
    - en cas de bonne foi, la *condictio certi* ;
    - en cas de mauvaise foi, l'*actio ad exhibendum*.[3]
- s'il a reçu un paiement :
  - seul :
    - a acquis le prix ;
    - le débiteur n'est libéré que si le pupille a profité du paiement.
  - avec son tuteur :
    - avant Justinien, le débiteur est libéré, sauf la *restitutio in integrum*, si le tuteur est insolvable ;
    - sous Justinien, le débiteur est libéré, s'il y a autorisation du magistrat.
- s'il paie une dette — mêmes règles que pour le *mutuum*.

le mineur de 25 ans, le fou, le prodigue, qui sont, sous le rapport de l'aliénation, dans la situation de l'impubère.

2ᵉ exception : ne sont pas propriétaires et peuvent aliéner :[4]
- le mandataire pour les biens dont la vente lui est confiée ;
- le créancier gagiste qui peut, en vertu d'une clause spéciale, vendre l'objet donné en gage après trois sommations faites au propriétaire (1) ;
- les tuteurs et curateurs, dans certains cas, pour les biens de leurs pupilles.

On acquiert

la propriété, même à son insu, par

la puissance paternelle — tout ce qu'acquiert un fils de famille appartient à son père, sauf ce qui a trait aux pécules
- *profectice* — séparation factice et révocable — partie du patrimoine paternel.[5]
- *castrense* — créé sous Auguste — dot militaire — le fils en a la libre disposition ;[6]
- *quasi-castrense* — créé par Constantin — dot à l'occasion de fonctions civiles — mêmes droits que sur le précédent ;[7]
- *adventice* — provenant de la succession *ab intestat* de la mère et, plus tard, *aliunde quam ex re patris* — l'usufruit appartient au père qui en conserve la moitié en cas d'émancipation[8].

la *manus*, le *mancipium*, puissances disparues sous Justinien.

la puissance dominicale
- l'esclave possédé :
  - par un seul, acquiert tout à son maître ;[9]
  - par indivis, acquiert à chacun de ses maîtres, sauf le cas où l'acquisition a lieu par le fait de l'un d'eux.
- l'esclave appartenant :
  - à un usager, lui acquiert *ex re suâ* ;
  - à un usufruitier, *ex re suâ et ex operis servi* ;[10]
  - à un nu-propriétaire, lui acquiert tout ce qui n'est pas fruit.

l'esclave putatif ou *in bonis*.

à titre universel, l'acquisition n'a lieu que par ordre à cause de la contribution aux dettes.

la possession, si l'on a l'*animus domini*,
- par ceux qui nous acquièrent la propriété ;
- par un homme libre et *sui juris*, notre mandataire ;
- par l'*auctoritas* du tuteur qui, sous Justinien, remplace la volonté de l'*infans* (l'usucapion ne peut courir que du moment où le maître a connaissance du fait de la possession).[11]

---

(1) Dans l'ancien droit, la propriété du gage était transférée par mancipation ou par tradition, et la restitution, en cas de paiement, était garantie par un contrat de fiducie, d'où l'*usureceptio*. (Voir page 39.)

NOTES EXPLICATIVES.

Des testaments.

1. Les curies apprécient et limitent au besoin le droit de tester : leur rôle se réduit plus tard à une simple formalité.

2. On avait recours à un écrit dont le contenu restait secret et qui était présenté à l'acheteur fictif.

3. Ces privilèges ont été accordés par César, renouvelés par Titus et Domitien, et consacrés définitivement par Nerva et Trajan. — Il suffit d'une circonstance quelconque pour confirmer comme militaire le testament imparfait d'un civil. — Les *pagani* mourant *in hostico loco*, à la suite des armées, jouissaient des mêmes privilèges.

4. Cette prolongation d'effet n'a pas lieu en cas de *missio ignominiosa* ou renvoi du service.

5. Jusqu'à Adrien, ce droit n'appartient au fils que tant qu'il est militaire.

6. Il n'est fait d'exception que pour le *servus pœnæ* et pour les femmes notées d'infamie. (Domitien et Adrien.)

7. Il y a entrave à la règle de l'accroissement et au calcul de la *Querela ;* on n'applique aucune des Quartes légitime, falcidique ou pégasienne. La restitution des fidéicommis se fait toujours *ex Trebelliano ;* la clause codicillaire est toujours sous-entendue.

8. A moins que le testateur n'ignorât sa paternité : dans ce cas même, il a droit d'échapper à la nullité en déclarant que le testament doit valoir quand même.

9. Un legs placé avant l'institution d'héritier était considéré comme nul avant Justinien ; placé entre deux institutions d'héritiers, il était valable s'il était fait *per damnationem ; per vindicationem*, il ne valait que pour la portion échue au premier héritier. Le legs de liberté *per vindicationem* était nul, à moins que le second héritier ne vînt à défaillir.

L'institution ne peut être partielle ; elle est réputée pure et simple.

L'institué ne peut céder son droit, tandis que l'héritier *ab intestat* peut le faire, dès l'origine, par *cessio in jure*, même sans être investi ; il échappe ainsi aux *sacra*.

Si l'institution est conditionnelle, l'arrivée ou la défaillance de la condition ne produisent pas d'effet rétroactif.

10. Théodose avait déclaré valable *inter liberos* un testament nul pour vice de forme.

La révocation d'un testament ne peut résulter que de trois faits : destruction matérielle, radiation des institutions, confection d'un autre testament valable. — Si le second testament contient la clause : *Ut priores tabulæ valerent*, le premier est considéré comme un codicille ; cette clause est même sous-entendue d'après un rescrit de Septime Sévère et de Caracalla si le second testament institue un seul héritier et *ex re certa*.

Théodose II déclare un testament caduc après dix ans : Justinien supprime cette règle ; toutefois, ce délai affirme une révocation impuissante, pourvu qu'elle ait été faite *apud acta* ou en présence de trois témoins probes.

Des Testaments (Titres 10 et 11).

Le testament est un acte par lequel un individu dispose de l'ensemble de ses biens pour le moment où il ne sera plus.

L'héritier est le continuateur de la personne du défunt.

Formes du testament

calatis comitiis
- lois des comices par curies ; [1]
- réservé aux seuls patriciens ;
- possible seulement à Rome et deux fois par an.

in procinctu — l'armée y remplissait le rôle du peuple dans les comices.

per æs et libram
- vente directe d'hérédité — effet irrévocable et non secret ;
- vente à un acheteur fictif avec contrat de fiducie assurant la restitution à un héritier. [2]

nuncupatif (1) — déclaration devant 7 témoins — effet non secret et confié à leur mémoire.

prétorien — tablettes écrites présentées à 7 témoins qui y apposent extérieurement leur nom et leur cachet (*adscriptio*);

tripartite
- fait *uno contextu* — emprunt au droit civil ;
- signé de 7 témoins (*subscriptio*) et du testateur — emprunt aux constitutions impériales ;
- scellé de leur cachet et de leur signature (*adscriptio* ou *superscriptio*) — emprunt au droit prétorien.

Justinien oblige le testateur à écrire lui-même ou à déclarer le nom de l'héritier.

au Bas-Empire, les testaments nuncupatif et tripartite subsistent seuls.

Les témoins doivent avoir faction de testament avec le testateur (voir page 47).

Le testament militaire

est valable [3]
- dans l'ancien droit, indéfiniment ;
- sous Justinien, pendant la durée de l'expédition et un an après. [4]

peut être fait
- par un fils de famille pour son pécule *castrense* ; [5]
- avec l'apposition d'un terme initial ou final ;
- en faveur de tous individus, même pérégrins ou déportés. [6]

est dispensé
- de la règle : *Nemo partim testatus partim intestatus decedere potest* ; [7]
- de la nécessité d'exhérédation expresse des héritiers siens (voir page 53). [8]

n'est pas détruit par un testament postérieur — les deux sont exécutés ainsi que les codiciles tant qu'ils ne sont pas inconciliables.

L'institution d'héritier

dans l'ancien droit
- était *caput testamenti* ; [9]
- pouvait être précédée d'une exhérédation et d'une *datio tutoris* ;
- devait être faite sous forme impérative.

sous Justinien, est dispensée de toute forme sacramentelle. [10]

---

(1) *Nuncupare est palam nominare.* — Gaius.

4

NOTES EXPLICATIVES.

De la testamenti factio.

1. Le fait d'avoir dénié sa signature sur un autre testament entraîne la même incapacité.

2. Avant Adrien, cette capacité spéciale était un privilège militaire, restreint, par suite, à la durée de ce privilège. (Voir page 44 — note 5).

3. Les Vestales jouirent, dès le début, du droit de tester.

4. Il peut leur être permis de tester en suivant la loi de leur cité.

5. Les esclaves jouissent du même droit.

6. En cas d'institution conditionelle, la capacité n'est pas requise à la mort du testateur, puisque la délation de l'hérédité est retardée jusqu'à l'arrivée de la condition; en revanche, entre la délation et l'acquisition résultant de l'adition, la capacité doit rester constante.

De la Testamenti factio (Titres 12 et 14).

La *testamenti factio* est
- *activa*
  - droit de tester ;
  - droit de concourir comme témoin à la confection d'un testament.
- *passiva*
  - droit d'être institué héritier ;
  - droit d'être nommé tuteur testamentaire.

II. — De la *Testamenti factio activa*.

Le droit de tester

est accordé
- aux citoyens romains
  - *sui juris*, excepté
    - aux impubères,
    - aux fous, sauf les intervalles lucides,
    - aux prodigues,
    - aux sourds-muets (sous Justinien, de naissance),
    - aux aveugles (1), suivant les formes écrites,
    - aux *intestabiles* — individus condamnés pour [·] — adultère, concussion, diffamation.
    - aux apostats et aux hérétiques, dans le dernier état du droit ;
  - *alieni juris* pour les pécules { *castrense* [2·] / *quasi-castrense* ;
- aux latins anciens et coloniaires ;
- aux femmes *sui juris*
  - affranchies, à toute époque — d'où la *coemptio testamenti faciendi gratià*,
  - ingénues, depuis Adrien, avec le consentement de leur tuteur ; [3·]
- aux *servi publici* pour la moitié de leur pécule.

est refusé
- aux pérégrins { déditices, / ordinaires ; [4·]
- aux Latins-Juniens — leurs biens retournent à leur maître *jure peculii* ;
- aux esclaves ;
- aux fils de famille, pour leur pécule adventice, dont ils peuvent cependant disposer par donation à cause de mort ;
- aux filles de famille.

La capacité doit exister chez le testateur (2)
- en droit civil, lors de la confection du testament, de la mort du testateur et dans l'intervalle ;
- en droit prétorien, aux mêmes époques, mais avec intermittence possible ;
- sous les constitutions impériales, la règle prétorienne est adoptée ;
- dans tous les états du droit, la capacité existant au moment de la confection du testament n'est détruite que par la *capitis deminutio*.

Si le testateur est fait prisonnier
- et meurt chez l'ennemi, il est réputé mort à l'instant où il a été pris (Loi *Cornelia de falsis*) ;
- et revient, son testament est validé par le *postliminium*.

Le droit d'être témoin d'un testament appartient
- aux citoyens romains, excepté
  - aux femmes ;
  - à ceux qui n'ont pas l'exercice du droit de tester (fous, prodigues, etc.) ;
  - à ceux qui sont rattachés par un lien de puissance { au testateur, / à l'héritier.
- aux Latins { anciens, / coloniaires, / Juniens. [5·]
- la capacité doit exister au moment de la confection du testament seulement.

---

(1) Les aveugles purent toujours tester sous la forme nuncupative et furent autorisés par Justin à tester de toute autre façon avec l'assistance d'un *tabularius* ou d'un huitième témoin.

(2) Chez l'héritier, la capacité doit exister en outre aux époques de l'arrivée de la condition et de l'adition d'hérédité.

NOTES EXPLICATIVES.

De la testamenti factio (Suite).

1. Il est probable que les fous, les impubères, les absents, etc., étant incapables de remplir la fonction de *familiæ emptor* dans le testament *per æs et libram*, ont dû être privés, à l'origine, de la faction passive, du moins en ce qui touche l'emploi de cette forme.

2. Le droit civil n'avait admis tout d'abord que les posthumes siens; le prêteur y ajouta les posthumes externes, en exceptant toutefois les enfants adultérins ou incestueux.

3. Des Constitutions de Domitien et d'Adrien privent du *jus capiendi* les femmes notées d'infamie, fussent-elles instituées dans un testament militaire.

4. Les premiers sont dits : *incapaces*; les seconds, *non solidi capaces*. À ces deux classes il faut ajouter les *patres solitarii*, veufs avec enfants, dont l'incapacité n'est pas bien connue. Les lois caducaires ne s'appliquent pas aux successions *ab intestat*.

Le concubinat ni les enfants naturels ne relèvent des peines du célibat ou de l'*orbitas* : cette dernière incapacité disparaît lors de la naissance d'un petit-fils *ex filia*, mais cet enfant ne peut conférer le *jus patrum*.

5. Sous Justinien, toutes les distinctions entre la *testamenti factio* et le *jus capiendi* ont disparu; pourtant le conjoint remarié ne peut recueillir une part supérieure à celle de l'enfant le moins prenant.

6. Cette incapacité est levée sous Justinien.

7. Antérieurement les municipes pouvaient être institués par leurs affranchis.

8. Cette règle était déjà éludée à l'époque de Gaïus, à l'aide de fidéicommis.

En revanche, les empereurs chrétiens privèrent de la faction de testament les apostats, les hérétiques, les enfants du condamné pour lèse-majesté et les veuves remariées avant l'expiration du délai de viduité.

9. La clause : *Quum liber erit* reste nulle.

10. Il devient en même temps héritier : avant Justinien, l'affranchissement n'avait d'autre effet que d'éteindre le droit du copropriétaire qui avait institué l'esclave héritier ; les autres copropriétaires bénéficiaient donc exclusivement de la disposition.

11. La réalisation de cette condition ne produit pas d'effet rétroactif. — Lorsqu'une condition dépend de la volonté d'un tiers, et qu'il refuse de s'y prêter, elle est supposée accomplie.

Lorsqu'il y a une condition négative et potestative, l'institué peut faire immédiatement adition moyennant la caution Mucienne.

12. La condition déjà défaillie lors de la confection du testament est annulée comme impossible.

13. L'accroissement a lieu *portionis portioni*, et non *portionis personæ*. Il est forcé et produit un effet rétroactif. Pourtant l'acheteur de droits successoraux n'a pas droit, en principe, à la portion d'hérédité acquise par droit d'accroissement. Celui qui bénéficie du droit d'accroissement échappe aux charges personnelles de l'héritier dont il recueille la part. Il en est différemment lorsqu'il y a substitution réciproque des institués entre eux.

L'hérédité est présumée divisée en 12, 24, 36 onces, etc. ; celui dont le testateur n'a pas désigné la part prend celle qui reste disponible pour compléter un nombre d'onces divisible par 12.

II. — De la *Testamenti factio passiva*.

Ont la faction passive
- les citoyens romains, quels qu'ils soient ; [1]
- les latins anciens, coloniaires et Juniens ;
- les posthumes dans le dernier état du droit ; [2]
- les esclaves dont les maîtres ont la capacité voulue.

Ont la faction passive, mais ne peuvent recueillir
- les Latins-Juniens (loi *Norbana*); [3]
- les *cœlibes* (loi *Julia*);
- les *orbi* (loi *Pappia Poppœa*) privés de la moitié de leur part. [4]

  > Lois caducaires promulguées sous Auguste, abrogées par Constantin.

- le *jus capiendi* peut se réaliser lors du décès, de l'arrivée de la condition ou dans les 100 jours qui suivent le *dies venit* (1). [5]

N'ont pas la faction de testament
- les pérégrins ordinaires et déditices ;
- les esclaves sans maître ou dont le maître n'a pas faction de testament ;
- les personnes incertaines ou indéterminées (2); [6]
- les temples jusqu'à Constantin ;
- les municipalités jusqu'à Léon le Philosophe [7];
- dans certains cas, les femmes auxquelles la loi *Voconia*, disparue sous Justinien, interdisait d'être instituées par un citoyen porté sur la 1re classe du cens [8].

L'institution d'un esclave

par son maître
- emporte affranchissement sous Justinien ; [9]
- s'il a été antérieurement affranchi, le rend héritier volontaire ;
- s'il est encore en esclavage, le rend libre et héritier nécessaire.

par un autre individu
- profite en principe au maître de l'esclave ;
- profite à l'esclave institué, s'il est antérieurement affranchi ;
- s'il appartient à un maître défunt, profite à la succession, pourvu que le testateur ait faction de testament avec le défunt.

par un co-propriétaire
- *cum libertate* — le rend libre, sauf indemnité aux co-propriétaires lésés ; [10]
- *sine libertate* — question d'intention — le doute est en faveur de la liberté.

Les héritiers institués *conjunctim* ne comptent que pour une part.

L'institution

peut être affectée
- d'une condition suspensive et non résolutoire — *nemo paganus partim testatus, partim intestatus decedere potest* ; [11]
- de conditions cumulatives ou alternatives. [12]

affectée d'une condition impossible ou contraire aux mœurs, est réputé pure et simple.

Le terme
- certain est non écrit ;
- incertain est considéré comme une condition.

L'héritier est habile à recueillir toute la succession.

Conséquemment, s'il y a plusieurs héritiers et que l'un d'eux vienne à disparaître, sa part est dévolue à ses cohéritiers en vertu du droit d'accroissement, développement normal d'une cause antérieure d'acquisition, et n'exigeant point une capacité nouvelle. [13]

---

(1) Voir, page 63, l'explication de cette expression.

(2) Les personnes inconnues, mais déterminées, peuvent être instituées.

NOTES EXPLICATIVES.

Des substitutions.

1. Dans ce cas, il suffit que la capacité existe ; une nouvelle manifestation de volonté n'est pas nécessaire.

2. Les *sui heredes* doivent être institués ou exhérédés pour chaque substitution.

3. La crétion n'a été abrogée que par les fils de Constantin.

4. Dans l'ancien droit, la substitution pupillaire n'était possible que si le père avait institué son fils : déjà, sous Gaius, la jurisprudence contraire est admise.

5. Il suffit que ce testament ait eu un effet quelconque, même prétorien ; ainsi l'abstention d'un *suus* est considérée à ce point de vue comme corroborant l'existence du testament.

6. Cependant le substitué pupillaire est héritier nécessaire ou externe du pupille, suivant qu'il aurait personnellement cette qualité vis-à-vis du père. — Dans l'ancien droit, les successions du père et du fils ne font qu'un : les jurisconsultes classiques admettent la doctrine contraire ; Justinien ne permet pas d'accepter l'une et de répudier l'autre. **Controv.**

S'il s'agit d'un impubère adrogé, la substitution pupillaire faite par le père naturel n'a d'effet qu'à l'égard des biens sujets à restitution ou faisant partie de la quarte Antonine.

7. Aux termes d'une constitution de Marc-Aurèle et Lucius Verus, cette présomption suppose que le père a institué son fils impubère.

8. Avant ce prince, il fallait demander cette faveur à l'empereur.

9. Les ascendantes qui ont le fou pour hériter *ab intestat* jouissent du même privilège.

Des Substitutions (Titres 15 et 16).

Il y a quatre sortes de substitutions

vulgaire

institution subsidiaire pour le cas où l'institué ne peut recueillir ;

cause nouvelle d'acquisition exigeant une nouvelle capacité ;

si elle est réciproque entre institués, elle empêche le droit d'accroissement et l'application des lois caducaires : le partage des parts défaillantes est proportionnel aux parts héréditaires ; [1]

s'il y a plusieurs substitués successifs, peu importe l'ordre dans lequel les parts viennent à défaillir (*substitus substituto censetur substitutus instituto*) ; [2]

les substitués priment l'institué, si ce dernier est un esclave institué par un insolvable. (Loi *Ælia Sentia*).

il y a concours entre l'institué et le substitué :
- dans le cas d'institution avec clause de *cretio imperfecta* (1) (solution disparue sous Marc-Aurèle avec la formalité de la crétion), [3]
- lorsque l'institué, cru libre par le testateur, est esclave et acquiert pour son maître et non pour lui-même.

pupillaire

acte de dernière volonté par lequel le père de famille dispose des biens de ceux qui sont sous sa puissance, pour le cas où ils mourraient impubères ;

applicable aux posthumes, même exhérédés ; [4]

inapplicable aux enfants émancipés ;

subordonnée, quant à ses effets, à la validité du testament du père ; [5]

s'évanouit :
- lorsque l'enfant atteint l'âge de la puberté,
- lorsqu'il meurt avant le testateur,
- lorsqu'il subit une *capitis deminutio*,
- lorsque le substitué laisse écouler un an sans provoquer la nomination d'un tuteur pour l'impubère ;

le substitué pupillaire est l'héritier du pupille ; [6]

à moins de disposition contraire, le substitué pupillaire est considéré comme substitué vulgaire si l'impubère prédécède. [7]

quasi-pupillaire ou exemplaire

même faculté accordée à ceux qui ont la puissance paternelle sur des fous ;

introduite par Justinien ; [8]

est exercée par les ascendants ; [9]

doit être faite au profit de descendants, de frères et sœurs ou, à défaut, de toute personne ;

s'éteint si le fou recouvre l'usage de la raison.

fidéi-commissaire

institution d'un individu à charge de restituer, en mourant, l'hérédité à un tiers désigné d'avance ;

acte par lequel un testateur dispose à la fois de son hérédité en faveur de deux héritiers qui sont appelés à la recueillir successivement ;

le fidéi-commissaire est l'héritier du testateur.

---

(1) On nomme *cretio* l'adition d'hérédité faite dans une forme solennelle ; elle est dite *perfecta* si le testateur l'a imposée sous peine d'exhérédation, *imperfecta* dans le cas contraire.

NOTES EXPLICATIVES.

Des entraves au droit de tester.

1. Ce cas se produit parfois après la mort du testateur, lorsqu'il y a lieu à confiscation posthume.

La restitution *per omnia*, en rendant rétroactivement toute capacité au testateur ou à l'institué, fait revivre l'institution.

Un Testament nul suivant le droit civil peut, s'il a été fait dans la forme prétorienne, donner droit à la *bonorum possessio* ou succession prétorienne.

2. Ce résultat se produit alors que l'héritier sien viendrait à prédécéder.

3. Sans doute la part ainsi dévolue était partagée par souche entre les petits-fils.

On considère comme omis l'héritier sien dont l'institution ou l'exhérédation est irrégulière.

L'*uxor in manu* rentre sous la dénomination de fille.

4. On rencontre dans les textes une cinquième catégorie de posthumes, appelés posthumes Juliens et comprenant les petits-fils nés après la confection du testament, mais avant la mort du père ou de l'aïeul.

5. Le préteur oblige à l'exhérédation de tous les descendants par les mâles, qu'ils soient émancipés ou non, mais il excepte ceux qui sont *in adoptiva familia*.

6. La *bonorum possessio contra tabulas* a pour effet d'annuler les legs ; une fois déférée *contra lignum*, elle est dévolue à tout ayant droit, quelle que soit sa qualité, et fût-ce l'héritier institué lui-même ; toutefois, dans ce cas, il reste tenu à l'exécution des legs. **Controv.**

7. Le *jus accrescendi* laissant subsister proportionnellement les legs, une fille simplement omise pouvait être moins bien traitée que si, injustement exhérédée, elle triomphait dans la *querela*, puisque cette dernière aboutit à l'ouverture de la succession *ab intestat*.

Des Entraves au droit de tester (Titres 13, 17 et 18).

Un testament sans effet juridique est :
- *injustum* — nul dès le principe — contraire au droit ;
- *ruptum* :
  - rompu par la survenance d'un héritier sien omis ;
  - annulé par un testament postérieur ;
- *irritum* — rendu inutile par le défaut de capacité du testateur ou de l'institué ; [1]
- *destitutum* ou *desertum* — si aucun héritier ne fait adition ;
- *inofficiosum* — s'il est annulé pour exhérédation d'un légitimaire.

Sous la loi des douze tables, le droit de tester était sans limite ; les jurisconsultes y apportèrent deux entraves : 1° la nécessité d'instituer ou d'exhéréder les héritiers siens ; 2° la *querela inofficiosi testamenti*.

I. — *Nécessité d'instituer ou d'exhéréder les héritiers siens.*

Les descendants du testateur étant considérés en quelque sorte comme les co-propriétaires du patrimoine paternel, ne peuvent en être dépouillés que par une exhérédation formelle.

Il y a nécessité d'exhéréder un descendant non institué :

en droit civil :

- **l'exhérédation est applicable** :
  - **aux héritiers siens** :
    - fils légitime ou adoptif non émancipé — l'omission entraîne nullité du testament ; [2]
    - fille et petit-fils bru *in manu* — omis, ils ont en vertu du *jus accrescendi* (1) :
      - moitié de la part attribuée à des étrangers,
      - une part virile contre des héritiers siens. [3]
  - **aux posthumes (2)** :
    - siens ou légitimes — héritiers siens conçus avant et nés après la mort du testateur ;
    - aquiliens — ceux qui, précédés par leur père, deviennent héritiers siens par sa mort, après celle du testateur ;
    - velléiens — héritiers siens nés après la confection du testament et avant la mort du testateur ;
    - quasi-posthumes velléiens — petits-fils vivants lors de la confection du testament et devenus héritiers siens, du vivant du testateur, par la mort ou l'émancipation de leur père ;
    - l'omission d'un posthume entraîne la nullité du testament. [4]

- **l'exhérédation** :
  - doit être faite nominativement :
    - pour les fils ;
    - pour les posthumes du sexe masculin.
  - peut être faite *inter cæteros* :
    - pour les filles ;
    - pour les petits-fils ou petites-filles ;
    - pour les posthumes du sexe féminin, pourvu qu'il leur soit légué quelque chose.

en droit prétorien :

- **l'exhérédation** :
  - doit être nominative pour les fils et les petits-fils ; [5]
  - peut être faite *inter cæteros* pour les filles et les petites-filles.
- **la bonorum possessio** :
  - *secundum tabulas* est accordée à l'institué si l'héritier omis est mort ;
  - *contra tabulas* est accordée [6] :
    - à l'héritier sien omis,
    - à l'enfant émancipé,
    - à l'enfant adoptif émancipé.

les filles ne peuvent avoir plus par la *bonorum possessio* que par le *jus accrescendi* (Antonin le Pieux). [7]

sous Justinien :

- il n'y a plus de formule sacramentelle ;
- l'exhérédation :
  - doit être nominative pour tous ;
  - est exigée pour les enfants émancipés ou donnés en adoption, sauf à un ascendant ;
  - n'est plus exigée de l'adoptant à l'égard du fils adoptif non émancipé.
- le *jus accrescendi* est supprimé :
- l'omission entraîne toujours annulation du testament.

---

(1) Si le testament porte à la fois institutions d'héritiers siens et étrangers, on emploie simultanément les deux modes de décompte.

(2) Les deux premières catégories comprennent des individus posthumes au testateur, c'est-à-dire, nés après sa mort ; les deux autres, des individus posthumes au testament, c'est-à-dire, nés après sa confection.

NOTES EXPLICATIVES.

Des entraves au droit de tester (Suite).

1. Le testament susceptible d'être attaqué par la *querela* est valable jusqu'à ce qu'elle ait été exercée ; c'est une action en nullité qui, au contraire de l'omission, ne produit aucun effet de plein droit. En outre, elle est ouverte à la mère et aux ascendants maternels qui ne pourraient arguer de l'omission. Enfin, l'exercice de l'action est dévolu d'un exhérédé à l'autre comme le serait la succession.

Le père ne peut attaquer le testament par lequel son fils l'a exhérédé des biens composant le pécule *castrense*, ou *quasi-castrense*.

2. L'inconduite d'un fils justifie l'exhérédation du petit-fils : parfois même l'enfant peut être exhérédé dans son propre intérêt.

3. Cette quarte est une application dérivée de la quarte falcidique.

4. Telle est du moins la doctrine d'Ulpien, que Justinien n'a pas maintenue.

5. Le *querelans* qui succombe perd également tout droit aux legs qui lui étaient destinés, mais conserve ses créances, parmi lesquelles il convient de ranger la quarte Antonine.

Le *querelans* qui se désiste ou fait défaut n'encourt aucune perte.

Lorsque la *querela* n'est exercée que par un seul des exhérédés, elle rend le *de cujus* partie testat et partie intestat. Dans ce cas les legs sont proportionnellement réduits ; les esclaves affranchis restent libres, mais sont condamnés à une indemnité envers le *querelans*.

6. Elle ressortissait au tribunal des centumvirs, et était jugée séparément par les quatre chambres de ce tribunal ; le partage entraînant perte du procès.

7. Peut-être, à l'origine, cette péremption était-elle de deux années.

8. Les légataires peuvent intervenir pour éviter une collusion.

9. L'accueil de la *querela* entraîne l'annulation rétroactive des legs, fussent-ils payés. L'institué est responsable de ceux qu'il a acquittés depuis le commencement du procès.

10. La *litis contestatio* ou même *præparatio* suffisent à en assurer la transmission aux ayants cause.

11. Seulement, il ne s'agit plus, comme dans la légitime ancienne, d'un *quantum* de leur part, mais bien du tiers ou de la moitié du patrimoine.

12. Alexandre Sévère a créé une action pour la rescision des donations inofficieuses : le demandeur n'a pas à prouver la fraude.

II. — *Querela inofficiosi testamenti*

La *Querela inofficiosi testamenti* est une action basée sur une fiction de démence du testateur et en vertu de laquelle est réformé un testament conforme à la loi, mais contraire à la piété filiale ou aux droits de la famille. [1]

La querela avant Justinien

est ouverte

- contre tous institués, aux descendants et aux ascendants { agnats, en droit civil; cognats, en droit prétorien.
- contre les personnes viles { aux frères et sœurs agnats consanguins, selon le droit civil; / aux frères ou sœurs utérins et cognats par les femmes, sous le Bas-Empire.

est subordonnée à trois conditions

- qu'il n'y ait aucune autre voie de recours { ni *jus accrescendi* pour la fille, / ni *bonorum possessio contrà tabulas*;
- que l'exhérédation soit inique; [2]
- que le *querelans* n'ait pas reçu le quart de ce à quoi il aurait droit comme héritier *ab intestat*; [3]
- la quarte légitime se calcule d'après l'actif net de la succesion; on y impute les legs, les fidéi-commis, les donations à cause de mort — il en est de même de la donation entre-vifs s'il y a clause à cet égard [4].

jugée contre l'institué, rejaillit contre les légataires.

repoussée, entraîne déchéance de la quarte légitime. [5]

est une action réelle, transmissible aux héritiers lorsqu'elle a été intentée par le légitimaire. [6]

s'éteint

- par la mort du légitimaire, sans qu'il y ait eu poursuites;
- par cinq ans à compter de l'addition d'hérédité; [7]
- par approbation ou acquiescement;
- par transaction avec l'institué; [8]
- par désistement. [9]

est remplacée, sous Constantin, par l'action en complément, pourvu que le *querelans* ait été institué avec complément *boni viri arbitratu;* cette action est personnelle et non réelle; elle passe toujours aux héritiers et laisse intacte la disposition testamentaire, si elle est repoussée.

Sous Justinien

la *querela*

- est remplacée par l'action en complément pour tout institué;
- n'existe plus que pour le légitimaire exhérédé;
- dure cinq ans à compter de l'addition d'hérédité;
- survit au légitimaire décédé avant l'expiration du délai de l'adition d'hérédité. [10]

la légitime est { du tiers, si le testateur a laissé quatre enfants au plus; / de moitié, s'il en a un plus grand nombre. [11]

elle doit être donnée au légitimaire à titre d'héritier et non de légataire.

toutefois { les donations pour achat de grade ou d'office / les dots et donations à cause de noce et de mort } sont imputées sur la légitime.

les justes causes d'exhérédation sont déterminées { 14 pour les descendants, / 8 pour les ascendants, / 3 pour les frères et sœurs.

elles doivent être visées dans le testament.

le succès de la *querela* n'entraîne annulation que de l'institution d'héritier.

il laisse subsister toutes les autres dispositions testamentaires. [12]

NOTES EXPLICATIVES.

De l'adition d'hérédité.

1. Le fait que l'esclave a été vendu puis racheté ne modifie pas sa qualité d'héritier nécessaire pour laquelle on ne considère que la situation au moment de la mort ; il en est de même pour l'héritier externe, chez lequel on n'envisage pas les événements écoulés entre la confection du testament et la mort du testateur. En revanche, le *suus* doit être demeuré sans interruption, sous la puissance du testateur, sous peine de perdre cette qualité.

2. A la charge toutefois de ne faire aucun acte d'immixtion. Noter que le préteur reconnaît le *jus abstinendi* et non la séparation de biens à l'individu *in mancipio*, bien qu'il soit héritier nécessaire : cette solution est admise afin de lui épargner l'infamie.

3. Peu importe d'ailleurs que l'hérédité leur soit acquise par un fils ou un esclave : la qualité du bénéficiaire effectif est déterminante ; cependant il est fait exception pour l'hérédité acquise par un étranger adopté.

4. Pourtant, l'héritier doit manifester sa volonté de s'abstenir ; l'abstention ne se présume pas. L'impubère qui s'est immiscé, n'est pas, par là même, déchu du bénéfice d'abstention. **Controv.**

5. Les biens sont vendus en masse sous le nom du défunt insolvable, et non sous celui de l'héritier ; il y a lieu à dévolution ou à accroissement. Toutefois, l'héritier conserve le droit de se porter héritier, de recueillir le reliquat de l'actif s'il en existe, de continuer les *sacra* du défunt et d'exercer les droits de patronage. L'abstention n'empêche pas le testament de produire certains effets : nomination de tuteur et affranchissements testamentaires. — L'institution sous une condition potestative transforme les héritiers nécessaires en héritiers quasi-externes.

6. Si l'adition a été déterminée chez eux par la crainte, elle est nulle d'après certains jurisconsultes. Paul et Papinien donnent le *jus abstinendi*.

7. Dès que les créanciers ont traité avec l'héritier, ils ne peuvent plus réclamer la séparation des patrimoines : cette dernière est un incident de la *venditio bonorum* et entraîne déchéance de tout recours sur les biens personnels de l'héritier. Les créanciers de l'héritier ne peuvent invoquer que l'action Paulienne, à charge de prouver la collusion frauduleuse. — La séparation des patrimoines peut aussi être demandée par les légataires.

Parfois l'héritier recevait des créanciers le mandat d'accepter la succession : dans cette combinaison créée afin d'éviter la *venditio bonorum*, il était indemnisé comme mandataire des dépenses qu'il supportait comme héritier ; souvent même, on lui laissait un émolument et les affranchissements étaient toujours maintenus.

8. Dans l'ancien droit, les héritiers légitimes externes étaient astreints à faire crétion.

9. L'*accessio possessionum* et la possession ne sont acquises à l'héritier que par une prise effective de possession.

10. L'hérédité jacente est *res nullius* : en attendant, *hereditas defuncti personam sustinet*. Gaius rattachait la fiction à la personne de l'héritier et donnait, par suite, à l'adition un effet rétroactif; il se basait sur la souillure résultant pour une famille de l'interruption des *sacra privata*. **Controv.**

11. Le droit prétorien admet la même présomption.

12. Le sén.-cons. Velléien accordait la même faveur aux femmes trompées par les créanciers héréditaires, et Gordien aux soldats. Quant au majeur de 25 ans, il a toujours l'action de dol contre celui qui l'a trompé.

13. L'héritier testamentaire qui renonce pour échapper aux legs, grâce à sa qualité d'héritier légitime, est astreint par le préteur aux charges du testament, malgré sa renonciation.

De l'Adition d'hérédité (Titre 19).

Les héritiers sont

- **nécessaires**
  - esclaves institués avec affranchissement exprès ou tacite ;[1]
  - ils sont soumis en principe à la confusion forcée des patrimoines ;
  - ils peuvent réclamer, pour l'avenir, le bénéfice prétorien de la séparation de biens.[2]

- **siens et nécessaires**
  - *sui heredes* — placés sous la puissance immédiate du testateur à sa mort ;[3]
  - en droit civil, il y a confusion des patrimoines ;
  - en droit prétorien
    - le bénéfice d'abstention est acquis de plein droit par la non-immixtion ;[4]
    - il équivaut à une répudiation ;[5]
    - il est révocable si l'héritier détourne des valeurs de la succession.

- **externes ou volontaires**
  - pris en dehors de la famille ;
  - ne devenant héritiers que par l'adition.[6]

En cas de solvabilité du défunt et d'insolvabilité de l'héritier, les créanciers peuvent demander au préteur et obtenir de lui le bénéfice de la séparation des patrimoines, à la condition de le réclamer dans les cinq ans au plus tard.[7]

L'adition d'hérédité

- **doit être faite consciemment**
  - est impossible dans l'ancien droit à *l'infans* et au *furiosus* ;
  - est permise
    - par Théodose et Valentinien au père ou tuteur de *l'infans* ;
    - sous Justinien
      - au curateur du *furiosus*,
      - à tout individu capable de comprendre son acte, fût-il sourd-muet.

- **est réalisée**
  - par l'accomplissement de la crétion parfaite ou imparfaite (voir page 51; note);[8]
  - par une déclaration non solennelle ;
  - par des actes de gestion en qualité d'héritier.[9]

- **peut être faite**
  - en cas d'institution pure et simple
    - en droit civil, à partir de la mort du testateur ;
    - sous l'empire des lois caducaires (1), à compter de l'ouverture du testament ;
  - en cas d'institution conditionnelle — à dater de l'arrivée de la condition ;
  - par l'institué seul, en droit civil ;
  - par ses héritiers s'il est mort dans les délais d'adition, sous Justinien.

- **peut être différée**
  - en droit civil, indéfiniment — sauf l'application de *l'usucapio lucrativa pro herede* ;[10]
  - en droit prétorien, pendant 100 jours à partir d'une mise en demeure faite par les créanciers ;
  - sous Justinien, pendant 3 mois, plus 6 mois avec autorisation du magistrat ; plus 3 mois moyennant un décret impérial.

- **le silence**
  - en droit civil, emporte renonciation ;[11]
  - sous Justinien, emporte acceptation dès que l'héritier a demandé un délai dépassant les 3 premiers mois.

- **est irrévocable sauf *restitutio in integrum***
  - accordée par le préteur au mineur de 25 ans, lésé par son acceptation ;[12]
  - accordée par Justinien à tout majeur ayant eu juste sujet d'ignorer le passif d'une succession.

- **peut être faite sous Justinien sous bénéfice d'inventaire**
  - droit pour l'héritier
    - de n'être tenu des dettes que *intrà vires hereditatis*,
    - de réclamer ce qui lui est dû par le défunt ;
  - conditions
    - inventaire fidèle,
    - exécuté sous la surveillance des intéressés (créanciers, légataires, etc.),
    - commencé dans les 30 jours, terminé dans les 90 jours de l'ouverture du testament ;
  - refusé à l'héritier qui a demandé un délai.

La renonciation est
- expresse ou tacite ;
- irrévocable, sauf le cas de *restitutio in integrum*.[13]

---

(1) D'Auguste à Constantin le Grand.

NOTES EXPLICATIVES.

Des legs.

1. « *Titio do*, *lego fundum Cornelianum* » ; le légataire reçoit directement du défunt, sans l'intermédiaire de l'héritier.

2. La chose léguée purement est *in pendenti* jusqu'à ce que le légataire ait accepté : son refus produit en faveur de l'héritier un effet rétroactif ; quant à la chose léguée sous condition, elle appartient à l'héritier jusqu'à l'arrivée de la condition. **Controv.**

3. Ici le légataire est créancier de l'héritier : cette forme est la plus large : « *Optimum jus legati.* »

4. Cette action est une *actio ex testamento*.

5. Ici le légataire se met de lui-même en possession ; il usucape sans avoir reçu tradition.

6. Encore cet acte n'est-il exigible que depuis Gaïus. Le legs *sinendi modo* peut porter sur la chose de l'héritier.

7. L'héritier renonciataire peut revendiquer le legs qui lui était adressé *per præceptionem*.

8. Le légataire a, par suite, le choix entre l'action réelle du legs *per vindicationem* et l'action personnelle du legs *per damnationem* : Cette dernière, en cas de dénégation, *crescit in duplum*. Sous Justinien, l'héritier n'encourt la peine du double que si le legs non exécuté était destiné à une église.

9. L'hypothèque est ici une sorte de *bonorum separatio* étendue à tous les cas.

Le titulaire d'un legs conditionnel peut, en droit prétorien, demander la *cautio legatorum* ; il en est de même si l'héritier apporte, en cas de disposition pure et simple, des délais non justifiés.

10. Il suffit, pour qu'il y ait nullité, que la chose soit hors du commerce vis-à-vis du légataire seul.

11. Ce legs est pourtant nul s'il y a erreur de la part du testateur : cette erreur est même présumée ; pourtant, la disposition est considérée comme valable si elle est faite au profit d'un proche parent.

Le legs d'une chose future est censé subordonné à une condition tacite.

12. La libération sera effectuée par acceptilation ou pacte *de non petendo* : S'il s'agit d'un *correus non socius*, on emploiera ce dernier mode, afin de réserver les droits du créancier contre les autres ; mais s'il y a société, le *correus* devra exiger acceptilation afin d'échapper au recours de ses codébiteurs.

13. Ce legs ne peut être réduit par application de la loi Falcidie. — Le legs de créance oblige l'héritier à céder son action : dans la suite, cette cession est présumée et l'action est délivrée à titre utile.

14. L'esclave affranchi par testament n'a droit à son pécule que s'il y a une disposition spéciale en ce sens : affranchi entre-vifs, il a droit à son pécule, à moins que son maître ne le lui ait formellement retiré.

15. Le légataire partiaire se distingue de l'héritier, en ce qu'il n'a pas droit d'exercer l'action *familiæ erciscundæ* et ne peut exiger que sa part de la valeur en argent des choses impartageables. — D'après M. Accarias, le legs partiaire ne serait pas, comme l'ont dit certains auteurs un moyen d'échapper aux règles de la loi *Voconia*, puisqu'il exigeait la *testamenti factio* ; ce serait un moyen de transmettre les *sacra* à un autre qu'à l'héritier ; il est présumé de moitié à défaut d'autre fixation. **Controv.**

16. S'il s'agit d'une chose de genre appartenant à autrui, le choix est à l'héritier, Justinien valide les legs faits *ad tempus*, *post mortem heredis*, ou *pridie quam legatarius moriatur*.

Des Legs (Titres 20 et 21).

———

Le legs est une disposition faite à titre gratuit et particulier, par testament à l'origine, et, en outre, depuis Auguste, par codicille.

En droit classique il y a quatre sortes de legs

per vindicationem
- fait dans la forme impérative « *do, lego* » ; [1]
- applicable à tout ce dont le testateur est propriétaire quiritaire ;
- le légataire est investi du legs
  - pur et simple, rétroactivement du jour de l'adition ;
  - conditionnel, du jour de la réalisation de la condition. [2]

per damnationem
- injonction à l'héritier de faire une chose : *heres, damnas esto dare.* [3]
- applicable
  - à la chose du testateur,
  - à la chose d'autrui,
  - à une chose future.
- donne naissance à une créance et à une action personnelle contre l'héritier. [4]

sinendi modo
- injonction à l'héritier de laisser faire : *heres, damnas esto sinere..* ; [5]
- applicable à toute chose comprise dans l'hérédité ;
- obligation passive n'exigeant de l'héritier que la translation de propriété. [6]

per præceptionem
- attribution impérative à un héritier préciputaire : « *præcipito* » ;
- applicable à toute chose comprise dans l'hérédité ;
- si le préciputaire n'est pas héritier, le legs était nul suivant les Sabiniens, valait comme legs *per vindicationem* suivant les Proculiens — opinion consacrée par Adrien. [7]

Le sénatus-consulte néronien
- laisse subsister les formules.
- valide [8] comme legs *per damnationem*
  - le legs *per vindicationem* d'une chose *in bonis* ou appartenant à autrui ;
  - le legs *per præceptionem* d'une chose non héréditaire, fait à tout autre qu'un héritier ;

Les fils de Constantin suppriment les paroles consacrées.

Justinien ne laisse subsister qu'un seul legs auquel il donne une action réelle, personnelle ou hypothécaire s'il s'agit d'un corps certain, personnelle seulement s'il s'agit d'une chose incertaine ou de genre et non comprise dans l'hérédité. [9]

Sont nuls les legs
- d'une chose hors du commerce ; [10]
- de la chose du légataire (règle catonienne), même s'il n'en est plus propriétaire au jour de la mort du testateur.
- contenant l'indication d'une cause erronée.

Sont valables les legs
- de la chose d'autrui — il devient inutile si le légataire acquiert la chose à titre gratuit. [11]
- de libération — le débiteur peut
  - opposer à l'héritier l'*exceptio doli mali* ;
  - exercer contre lui une *actio ex testamento ut liberet eum.* [12]
- de dette, si le créancier y a un intérêt quelconque. [13]
- de dot, parce qu'il fait bénéficier la femme des récompenses de l'*actio rei uxoriæ*.
- *universitatis juris*
  - d'un pécule — fait
    - à l'esclave lui-même, se calcule au jour de l'adition ; [14]
    - à un étranger, est fixé à la mort du testateur.
  - partiaire
    - entraîne contribution aux dettes au moyen des stipulations *partis et pro parte* ;
    - laisse les actions, créances et dettes au nom de l'héritier. [15]
- de genre
  - dans l'ancien droit, donne le choix
    - au légataire si le legs est *per vindicationem*,
    - à l'héritier s'il est *per damnationem* ;
  - sous Justinien, le choix appartient au légataire, à charge de prendre un objet de qualité moyenne. [16]

NOTES EXPLICATIVES.

Des legs (Suite).

1. En cas de legs *per vindicationem*, la propriété n'est transférée qu'à partir de l'option, à moins que l'hérédité ne contienne plus qu'une seule des choses dont l'option était léguée.

Si les héritiers du légataire ne s'accordent pas, l'un d'eux, désigné par le sort, exerce le droit de tous, garde la chose et indemnise les autres : si le legs porte sur un esclave, on a recours à un tarif fixe.

2. *Modus* signifie ici : charges.

3. L'accroissement se produit en cas de défaillance. — Le fait qu'on n'exécute un legs *per vindicationem* que comme legs *per damnationem* par application du S. C. Néronien, ne modifie pas les règles de l'accroissement qui a lieu en raison de la forme primitivement employée par le testateur.

4. D'autres jurisconsultes estimaient que l'héritier était dégagé de toute obligation dès qu'un des légataires avait pris la chose. **Controv.** — Mais dans aucun cas, il n'y a lieu à accroissement.

5. Les veufs avec enfants ou *patres solitarii* subissaient aussi une déchéance analogue.

6. Le *jus patrum* n'est ouvert qu'aux hommes et pour les descendants par les mâles ; le bénéfice n'en est acquis qu'avec les charges imposées aux défaillants.

7. Les légataires conjoints *verbis tantum* étaient traités comme les conjoints *re et verbis*. — Les bénéficiaires de fidéi-commis furent sans doute appelés aux mêmes avantages, lorsque les peines de l'*orbitas* et du célibat eurent été étendues aux fidéi-commis par le S. C. Pégasien.

8. Telle est, du moins, la législation sous Caracalla ; auparavant, il y avait dévolution à l'*ærarium* ou trésor du peuple romain. D'autres auteurs, parmi eux Ortolan, enseignent que ce prince aurait supprimé le *jus patrum* : mais leur opinion présuppose que ce droit aurait été rétabli par les successeurs de Caracalla, puisqu'il en est fait mention dans la suite. Ainsi, bien que Constantin ait abrogé les lois caducaires, les *præmia patrum* subsistent pour les autres causes de caducité. **Controv.**

9. L'homme de moins de 60 ans qui épouse une quinquagénaire contracte un *impar matrimonium* qui ne le relève d'aucune des pénalités des lois caducaires.

10. Pendant deux ans, les veuves, et pendant dix-huit mois, les femmes divorcées sont affranchies des peines du célibat mais non de celles de l'*orbitas*, si elles n'ont pas d'enfant.

11. Les cognats au sixième degré jouissent du même bénéfice.

En cas de second mariage, la naissance d'un enfant commun met fin à toute incapacité de donation testamentaire entre époux : sinon, la donation ne peut dépasser un tiers en usufruit et un dixième en propriété plus un dixième par enfant du premier lit, à moins que les époux n'aient dépassé l'âge légal.

NOTA : Plusieurs moyens avaient été mis en usage pour éluder les lois caducaires ; c'est d'abord la condition « *Quum liberos habuerit* », puis la substitution réciproque des institués ; ce sont également les fidéi-commis : mais le S. C. Pégasien les soumit aux lois caducaires et les fidéi-commis tacites furent punis de confiscation.

Des Legs (Suite).

Le legs d'option
- est annulé dans l'ancien droit, faute d'exercer l'option ;
- est déclaré par Justinien transmissible aux héritiers. [1]

Le legs pénal, nul dans l'ancien droit, est validé par Justinien.

Est valable le legs fait
- **sous condition**
  - suspensive ;
  - négative — caution mucienne pour assurer la restitution ;
  - impossible ou illicite — elle est réputée non écrite ;
- **sub modo**
  - il y a ouverture immédiate du droit ;
  - le légataire doit donner caution jusqu'à l'accomplissement de son obligation ; [2]
- **à terme**
  - certain ;
  - incertain — il équivaut à une condition.

On peut léguer à tous ceux qui ont faction de testament et aux posthumes.
Les légataires ne peuvent bénéficier du legs que s'ils ont le *jus capiendi*.

Droit d'accroissement

dans l'ancien droit
- legs *per vindicationem* — *conjunctim* / *disjunctim* : il y a partage entre les co-légataires. [1]
- legs *per damnationem* :
  - *conjunctim* — il y a partage mais non accroissement ;
  - *disjunctim* — il n'y a ni partage, ni accroissement ; le premier qui se présente touche la chose, le second en reçoit le prix.
- legs *sinendi modo* — *conjunctim* / *disjunctim* : mêmes règles que dans le legs *per damnationem*. [4]
- legs *per præceptionem* — *conjunctim* / *disjunctim* : mêmes règles que pour le legs *per vindicationem*.
- l'accroissement, s'il a lieu, est forcé, mais sans charges.

sous les lois caducaires (Julia et Papia Poppæa)
- les parts caduques, c'est-à-dire enlevées aux célibataires, aux *orbi*, [3] aux Latins-Juniens,
- les parts quasi-caduques, c'est-à-dire, non recueillies par suite de circonstances étrangères aux lois caducaires
  - sont attribuées, en vertu du *jus patrum* ou *caduca vindicandi* [6]
    - aux patres — légataires conjoints *re et verbis*, héritiers institués, légataires non conjoints ou conjoints *re tantum*. [7]
    - à défaut de patres — au fisc. [8]
- l'ancien droit d'accroissement est maintenu
  - lorsque le legs est nul dès l'origine (*pro non scripto*) ;
  - en faveur des ascendants et descendants jusqu'au 3ᵉ degré.
- sont exempts des pénalités et privés du *jus patrum* (*solidi capacitas*)
  - les hommes mineurs de 25 ans ou sexagénaires ; [9]
  - les femmes mineures de 20 ans ou quinquagénaires ; [10]
  - les fiancés. [11]
- l'accroissement a lieu volontairement, mais avec charges.

sous Justinien
- il y a toujours lieu à accroissement ;
- en cas de legs fait *conjunctim*, il est volontaire et avec charges ;
- en cas de legs fait *disjunctim*, il est forcé, mais sans charges.

NOTES EXPLICATIVES

Des legs (Suite).

1, La règle Catonnienne est applicable aux fidéi-commis.

2. Le caractère pur et simple ou conditionnel de l'institution n'influe pas sur la *diei cessio* du legs. **Controv.**

Le *dies cedit* est le moment qui détermine tout à la fois l'objet du legs et la personne qui doit en bénéficier soit directement, soit indirectement, c'est-à-dire, par un tiers soumis à sa puissance.

3. On recule la *diei cessio* jusqu'au jour du *dies venit* si le legs s'adresse à un esclave affranchi par le testament, ou lorsqu'un legs d'usufruit a été fait au profit d'un esclave de l'hérédité : sans cette précaution, les dispositions seraient sans effet. **Controv.**

La même doctrine a été admise au profit d'un légataire d'usufruit, afin d'éviter les déchéances pouvant résulter d'une *capitis deminutio* survenue dans l'intervalle.

4. Cette révocation n'a pas lieu *ipso jure*, mais seulement par voie d'exception. — La révocation tacite peut également résulter d'une inimitié grave non suivie de réconciliation; mais il est bon de remarquer que ce mode de révocation, spécial aux legs, laisse subsister une institution d'héritier.

5. Peu importe que ce fait soit inconscient, par exemple si l'esclave légué a été affranchi par l'héritier sans que ce dernier ait connaissance du legs : la disposition est valable, parce qu'elle n'a été modifiée dans son exécution que *par le fait* de l'institué.

6. Les accessoires seuls sont acquis malgré la perte de la chose principale si cette perte est postérieure au *dies cedit*; c'est-à-dire à l'ouverture du droit du légataire.

Des Legs (Suité).

Règle catonienne

Quod, si testamenti facti tempore decessisset testator, inutile foret, id legatum, quandocumque decesserit, non valere. [1.]

Un legs qui serait nul, si le testateur venait à mourir au moment de la confection du testament, ne peut être valable, quelle que soit l'époque de la mort du testateur.

Cette règle n'est applicable qu'aux legs purs et simples dans lesquels *dies cedit a morte testatoris.*

Dies cedit (le droit est ouvert)

dans les legs purs et simples [5.] { à la mort du testateur — dans l'ancien droit, à l'ouverture du testament — sous les lois caducaires, à la mort du testateur — sous Justinien; } le legs reste subordonné à l'adition d'hérédité. [2.]

dans les legs conditionnels — à l'arrivée de la condition ;

Dies venit (le droit est acquis)

pour les legs purs et simples — lors de l'adition d'hérédité.

pour les legs { conditionnels / à terme } { à l'arrivée du terme ou de la condition — il y a confusion dans ce cas avec la *diei cessio*.

De la révocation des legs.

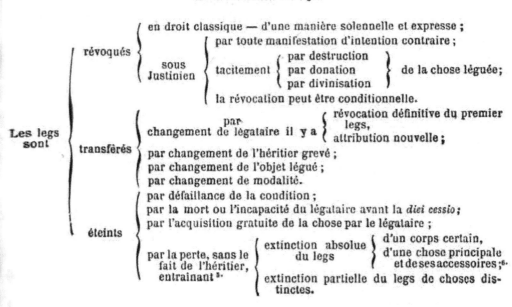

Les legs sont

révoqués {
en droit classique — d'une manière solennelle et expresse ;

sous Justinien { par toute manifestation d'intention contraire ; tacitement { par destruction / par donation / par divinisation } de la chose léguée; la révocation peut être conditionnelle.

transférés {
par changement de légataire il y a { révocation définitive du premier legs, attribution nouvelle ;

par changement de l'héritier grevé ;
par changement de l'objet légué ;
par changement de modalité.

éteints {
par défaillance de la condition ;
par la mort ou l'incapacité du légataire avant la *diei cessio* ;
par l'acquisition gratuite de la chose par le légataire ;

par la perte, sans le fait de l'héritier, entrainant [3.] { extinction absolue du legs { d'un corps certain, d'une chose principale et de ses accessoires ; [6.] extinction partielle du legs de choses distinctes.

NOTES EXPLICATIVES.

Restriction au droit de léguer.

1. Cette limitation n'est pas applicable aux cognats jusqu'au sixième degré.

2. Ce quart lui est acquis à titre d'héritier et on n'y comprend pas ce qu'il peut avoir reçu comme legs.

3. L'héritier devient copropriétaire de l'objet légué avec le légataire, si l'objet n'est rapporté que pour partie.

4. On comprend dans le passif les frais funéraires et la valeur des esclaves affranchis. — Le point de départ du calcul est le *dies cedens*, afin d'éviter que l'héritier ne puisse, en retardant l'adition, modifier les conséquences de la falcidie.

Les créances du testateur contre l'héritier, bien qu'éteintes par confusion, comptent dans l'actif : les créances conditionnelles sont également comptées d'après Gaius, sauf restitution ultérieure garantie par une promesse. — De même, en cas de legs conditionnels, l'héritier ne paie les legs purs et simples qu'avec promesse de restitution si les legs conditionnels viennent à dépasser les trois quarts.

Un legs d'une chose indivisible donne lieu à un remboursement en argent au profit de l'héritier : le légataire est tenu d'offrir ce dédommagement.

5. L'inventaire est exigé même si l'héritier a demandé un délai pour délibérer (circonstance qui le prive du bénéfice d'inventaire).

6. Dans ce cas, les legs sont maintenus malgré cette renonciation. — La clause d'inaliénabilité imposée à un légataire d'immeuble est réputée exclusive de la réduction falcidique.

S'il y a plusieurs héritiers dont l'un défaille, la falcidie se calcule sur le tout si la part du défaillant était moins grevée ; sinon, le calcul est fait séparément pour chaque part.

Fidéi-commis.

7. Pourtant le Sén. Cons. Pégasien exclut les *cœlibes* et les *orbi* et fait bénéficier le grevé *pater* de cette incapacité ; de plus, un Sén. Cons. rendu sous Adrien frappe de confiscation le fidéi-commis destiné à un pérégrin. Cette forme de disposition reste cependant accessible aux Latins-Juniens.

Au Bas-Empire, on admet les fidéi-commis successifs *post mortem* jusqu'à la quatrième génération, bien qu'ils soient adressés à une personne incertaine.

8. Théodose II exige *ad probationem* un écrit ou cinq témoins : Justinien autorise la délation du serment.

9. La restitution du fidéi-commis laisse à l'héritier les *jura sepulcri*.

10. Il doit cependant reconstituer les créances et les servitudes éteintes par confusion.

11. Le fidéi-commissaire a la *fidei-commissaria hereditatis petitio*, action *in rem* utile.

12. Le Sén. Cons. Trébellien reste également en vigueur lorsque le fidéi-commis ne dépasse pas les trois quarts de l'hérédité ; mais si l'héritier exécute un fidéi-commis total, sans retenir la quarte, il n'en est pas moins tenu conformément au Sén. Cons. Pégasien, sauf recours à la stipulation *emptæ et venditæ hereditatis*.

Le testateur a droit d'écarter l'application de la quarte Pégasienne en restreignant les droits de l'héritier à un objet déterminé.

Le père héritier fiduciaire, grevé au profit de son fils, n'a pas droit de retenir la quarte.

Si le fidéi-commis d'hérédité a été fait par un militaire, la restitution a lieu *ex Trebelliano* et sans que le grevé puisse retenir la quarte pégasienne.

Restrictions au droit de léguer (Titre 22).

Le droit de léguer a été restreint
- par la loi *Furia testamentaria*, qui interdit à tout individu étranger à la famille d'accepter un legs de plus de mille as. [1]
- par la loi *Voconia*, qui interdit aux personnes recensées dans la 1re classe de léguer plus qu'il ne reste à l'héritier.
- par la loi Falcidie
  - destinée à intéresser les héritiers à faire adition.
  - elle autorise l'héritier à garder le quart de l'hérédité (quarte Falcidie) [2]
  - le calcul
    - a lieu de plein droit pour chaque héritier ; [3]
    - se fait { après déduction de tout le passif, à la mort du testateur ; [4]
    - il n'est modifié { ni en cas d'accroissement, ni en cas de changement dans la valeur des biens ;
    - diffère de celui de la quarte légitime en ce que
      - la quarte légitime { est calculée { n'appartient qu'à certains, *ab intestat*, en tenant compte des donations ;
      - la quarte Falcidie { appartient à tout institué, est calculée sans sortir du testament.
  - si la valeur des biens a diminué depuis la mort du testateur, l'héritier conserve toujours le droit d'obtenir des légataires une réduction amiable en les menaçant de sa renonciation.
  - le bénéfice en est retiré à l'héritier sous Justinien. { faute d'inventaire ; [5] si le testateur l'exige — mais alors l'héritier reste libre de renoncer. [6]

Des Fidéi-Commis (Titres 23 et 24).

Les fidéi-commis
- sont un moyen d'échapper aux incapacités légales. (Lois caducaires, etc.) [7]
- sont faits en termes précatifs. [8]
- sont dépourvus de sanction en droit classique.
- sont recommandés aux soins des consuls sous Auguste, puis à un préteur spécial.
- sont exécutés par restitution déclarée ou par mise en possession effective [9].
- en droit classique { l'héritier grevé du fidéi-commis restait responsable des dettes ; [10] on remédia à ce résultat par une vente d'hérédité.
- Le sénatus-consulte Trébellien place le fidéi-commissaire *loco heredis*, lui transmet les actions et accorde à l'héritier l'exception prétorienne *restitutæ hereditatis*. [11]
- Le sénatus-consulte Pégasien étend la quarte Falcidie aux fidéi-commis et l'héritier reprend les actions et charges — en cas de refus d'adition, elle a lieu par ordre du préteur et le sénatus-consulte Trébellien reste en vigueur. [12]
- sous Justinien
  - il y a confusion des deux sénatus-consultes ;
  - le fidéi-commissaire est *loco heredis* ;
  - le fiduciaire { a droit de conserver ou de répéter la quarte Falcidie, peut être contraint à faire adition ;
  - les fidéi-commis sont de véritables legs *per damnationem* ; ils sont applicables à la chose d'autrui et ne donnent jamais ouverture au droit d'accroissement.

NOTES EXPLICATIVES

Des codicilles.

1. Contrairement à l'opinion de Papinien, Septime-Sévère et Caracalla autorisent la confirmation tacite d'un codicille.

2. Dans ce cas, la capacité n'est requise chez le disposant qu'au moment de sa mort.

3. Ces témoins contresignent le codicille.

Un testament nul comme tel peut être exécuté comme codicille, s'il contient la clause dite : *codicillaire*.

Les hérédités sont frappées d'un impôt du vingtième appelé *lex vicesima hereditatum* ; il n'est fait d'exception que pour les *sui heredes* au début ; Nerva en dispense les mères et enfants, et Trajan les grands parents, petits enfants, frères et sœurs. Sous Justinien, elle est tombée en désuétude.

On nomme : *ereptoria* les parts héréditaires dont sont privés les indignes, à savoir : l'héritier qui, par sa faute, rend impuni le meurtrier du *de cujus*, la femme notée d'infamie, l'individu qui exécute un fidéi-commis au profit d'un incapable. Dans tous ces cas, la vocation héréditaire est annulée, mais les créances éteintes par confusion ne revivent pas.

———

Droits des Latins-Juniens.

4. Les Latins-Juniens ont été créés par la loi *Junia Norbana*, et leur nombre a été accru par la loi *Ælia Sentia*; il y en a trois classes : 1° les esclaves affranchis sans le secours des modes solennels (avant la loi Junia, le préteur les déclarait *servi in libertate*) ; 2° les esclaves affranchis par un propriétaire bonitaire; 3° les esclaves affranchis avant l'âge de 30 ans et sans l'usage de la vindicte (disposition de la loi *Ælia Sentia*). **Controv.**

5. Ils peuvent également jouer le rôle de *libripens* ou de *familiæ emptor*.

6. Huit causes leur donnent droit à la cité romaine : *beneficium principale, liberi, iteratio, militia, navis, ædificium, pistrinum, triplex enisus*.

Les Latins anciens et coloniaires n'avaient que trois cas : installation à Rome en laissant des enfants dans leur pays, accusation fondée contre un magistrat romain, exercice d'une magistrature romaine.

Des Codicilles (Titre 25).

Les codicilles
- sont
  - isolés — ayant en eux leurs causes de validité,
  - confirmés — puisant leur validité dans un testament ; [1]
- sont maintenus, sauf clause contraire, en cas de testament postérieur et non confirmatif ;
- peuvent contenir des legs et des fidéi-commis, mais non pas une institution d'héritier ;
- ne peuvent contenir que des fidéi-commis, s'ils ne sont pas confirmés ;
- exigent la même capacité que le testament chez le disposant ;
- peuvent coexister, en nombre indéterminé, tandis qu'il ne peut exister qu'un seul testament ;
- peuvent être appliqués aux héritiers *ab intestat* ; [2]
- sont exempts de toute formalité dans l'ancien droit ;
- sont astreints, *ad probationem*, par Théodose II, à être faits, *uno contextu*, devant cinq témoins. [3]

De l'Institution in re certâ.

En droit classique
- s'il n'y a qu'un seul institué, elle est valable sans restriction ;
- s'il y a plusieurs institués et qu'ils soient tous institués *in re certâ*, ils sont préciputaires, puis héritiers ;
- s'il y a plusieurs institués et qu'un seul soit institué *in re certâ*, il est préciputaire de la chose et ses cohéritiers sont préciputaires de sa part.

Sous Justinien
- l'institué *in re certâ* est considéré comme légataire du corps certain ;
- les cohéritiers sont seuls héritiers.

Droits des Latins-Juniens. [4]

Droits accordés
- *jus commercii* intégralement,
- droit d'être témoin dans un testament [5],
- droit d'être institué héritier ou légataire, et de recueillir un fidéi-commis,
- aptitude à acquérir la cité romaine [6].

Droits refusés
- droit de tester (*libertatem cum vitâ amittunt*),
- droit d'être tuteur testamentaire,
- droit de recueillir une hérédité (*jus capiendi*),
- *jus connubii*,
- *jus suffragii et honorum*.

NOTES EXPLICATIVES.

Des Hérédités qui sont déférées ab intestat.

1. Le pécule *Castrense* d'un fils de famille qui n'a pas testé ne forme pas, durant la période classique, une hérédité légitime, faute de *Sacra privata* à transmettre : il en est de même des biens d'un *servus publicus ;* pourtant l'un et l'autre peuvent laisser une hérédité testamentaire.

2. Avant Justinien, l'individu dont le testament est déclaré *inofficiosum* par suite de l'exercice de la *querela* est considéré comme intestat : cet effet ne se produit plus après la réforme de Justinien qui maintient, nonobstant le succès de la *querela*, toutes les dispositions testamentaires autres que l'institution d'héritier.

3. Le *Crimen perduellionis* entraîne la perte des *jura sepulcri* et des *sacra privata* et l'annulation rétroactive de la qualité d'héritier chez le *suus necessarius ;* pourtant Septime Sévère maintient, en faveur des héritiers, les droits de patronage.

Si la condamnation est encourue pour un autre crime, après suicide *metu criminis* ou *consciencia delicti*, les héritiers siens continuent les *sacra*.

En dehors de ces cas le coupable mort avant jugement conserve l'intégralité de ses droits.

LIVRE III.

Modes d'acquérir les Droits.

(Tableau récapitulatif.)

Modes d'acquisition

à titre universel :
- Hérédité,
- *Manus* (disparue sous Justinien),
- Adrogation,
- *Addictio bonorum libertatis causa*,
- *Venditio bonorum*,
- Application du sénatus-consulte claudien (abrogé par Justinien).

à titre particulier : Obligations

- réelles — qui se contractent par la remise de la chose,
  - *mutuum*,
  - commodat,
  - dépôt,
  - gage ;

- verbales
  - *dictio dotis*,
  - *jusjurandum liberti*,
  - stipulations . . . .
    - conventionnelles,
    - judiciaires,
    - prétoriennes,
    - édilitiennes,
    - communes ;

- littérales
  - *nomina transcriptitia*,
  - *chirographa*,
  - *syngraphæ* ;

- consensuelles
  - *emptio-venditio*,
  - *locatio - conductio*
    - *rerum*,
    - *operarum*,
    - *operis*,
  - *societas*,
  - *mandatum*,
  - pactes,
  - contrats innomés ;

- résultant
  - d'un quasi-contrat ;
  - d'un délit
    - *furtum*,
    - *rapina*,
    - *damnum*,
    - *injuria* ;
  - d'un quasi-délit.

I. DES ACQUISITIONS A TITRE UNIVERSEL.

Des Hérédités qui sont déférées ab intestat (Titres 1 a 6).

Meurt intestat
- celui qui n'a point fait de testament ; [1]
- celui dont le testament est
  - *injustum* (1),
  - *ruptum*,
  - *irritum*,
  - *destitutum* ou *desertum* ; [2]
- celui qui, après sa mort, est reconnu coupable de haute trahison (ses biens sont dévolus au fisc). [3]

---

(1) Voir le sens de ces expressions aux matières de l'examen de première année, page 53.

NOTES EXPLICATIVES.

Divers Ordres de succession ab intestat.

1. La classe des héritiers siens du droit civil embrasse tous les individus tombés sous la puissance du *de cujus* par suite de légitimation (*causæ probatio, erroris causæ probatio*, mariage subséquent, rescrit du prince et oblation à la curie).

Pour déterminer la qualité d'héritier sien, on se place au moment de la délation de la succession, c'est-à-dire, en général, à la mort du testateur, mais parfois aussi à la survenance de la cause qui entraîne ouverture de la succession *ab intestat,* par exemple, à la défaillance de la condition d'une hérédité testamentaire. Toutefois, le *suus* doit avoir été placé, d'une manière médiate ou immédiate, sous la puissance du *de cujus* et avoir été au moins conçu avant la mort de celui dont il doit être l'héritier sien.

2. Le *postliminium* produit un effet rétroactif : il en est de même d'une légitimation obtenue par rescrit impérial après la mort du père et d'une *restitutio per omnia* accordée par l'Empereur à la suite d'une condamnation criminelle.

3. Le père vivant, mais sorti de la famille par émancipation, peut être représenté par ses enfants dans la succession de leur aïeul.

4. Il est entendu qu'ils ne doivent pas avoir perdu le bénéfice de cette situation par une *capitis deminutio.* — Les femmes agnates au delà du degré de sœurs sont exclues grâce à une jurisprudence inspirée par le même esprit que la loi *Voconia.*

5. Les enfants simplement conçus sont réputés nés d'après une doctrine admise au temps de Cicéron.

6. Dans cet ordre d'héritiers la conception n'est pas considérée comme équivalant à la naissance.

M. Accarias estime que la gentilité était réciproque et ne présupposait pas nécessairement un affranchissement originaire.

7. Il est fait exception, toutefois, pour le dernier ordre, celui des *Gentiles.*

M. Accarias pense que le principe de la non-dévolution n'existait pas à l'origine pour les agnats, et ne leur a été appliqué que dans un but de restriction contre cet ordre d'héritiers.

Succession des enfants émancipés.

La succession des enfants émancipés est dévolue :

1° Dans l'ancien droit, aux *sui heredes,* puis au *manumissor ;*

2° Sous les Empereurs, aux *sui heredes,* au *bonorum possessor unde decem personæ,* à la mère à défaut du père ;

3° Sous Justinien, aux descendants, aux frères et sœurs, enfin au père émancipateur (le contrat de fiducie est inhérent à la nouvelle forme d'émancipation).

Les biens de la mère prédécédée font retour aux seuls frères et sœurs qui sont ses enfants.

La succession des fils de famille ne constitue pas dans l'ancien droit une hérédité légitime : Théodose et Valentinien attribuent les *lucra nuptialia* aux descendants, puis aux frères, puis au père, le *paterfamilias* gardant le reste des biens *jure peculii ;* Justinien ne laisse à ce dernier que l'usufruit ; la mère concourt avec les frères et sœurs.

Les mêmes règles sont applicables aux biens composant les pécules *castrense* et *quasi castrense.*

Divers Ordres de succession ab intestat.

Suivant la loi des Douze-Tables

Héritiers siens
- les individus placés sous la puissance du *de cujus* à son décès, [1]
- les posthumes, pourvu qu'ils soient nés dans les dix mois de la mort du *de cujus*,
- le fils de famille qui, captif au décès du *de cujus*, recouvre ses droits par le *juspostliminii*, [2]

venant :
- directement, s'ils sont au premier degré (le partage a lieu par tête) ;
- par représentation, s'ils sont aux degrés subséquents (la répartition a lieu par souche et les héritiers se partagent la part qu'aurait recueillie leur auteur s'il eût survécu) ; [3]
- toujours nécessairement, c'est-à-dire sans adition d'hérédité (1) ;

Agnats
- individus étant, ayant été, ou ayant pu être sous la puissance d'un même *paterfamilias* ; [4]
- le plus proche en degré, au moment de l'ouverture de la succession *ab intestat*, exclut le plus éloigné ; [5]
- le partage a toujours lieu par tête.

Gentils [6]
- 1re opinion (2). — Familles issues du même tronc — parenté éloignée ;
- 2e opinion (3). — Agrégation politique et religieuse d'individus participant au même vote et aux mêmes sacrifices ;
- 3e opinion (4). — Rapport entre les familles d'origine perpétuellement ingénue et les descendants des affranchis qui leur doivent la liberté. — La qualité de gentils et les droits d'hérédité appartiennent exclusivement aux membres de la famille supérieure et ne sont pas réciproques ;
- 4e opinion (5). — La gentilité est fondée sur la tradition d'une origine commune, les gentils participent au même vote et aux mêmes sacrifices ; dans certains cas la gentilité peut être le rapport entre les familles de patrons et les descendants d'affranchis ou de clients — conciliation des trois systèmes précédents.

NOTA. La succession n'est dévolue qu'une fois dans chaque ordre d'héritiers. [7]

Individus écartés par la loi des Douze-Tables
- enfants émancipés ;
- id. donnés en adoption ou adrogés après émancipation ;
- enfants de l'émancipé, nés ou conçus avant l'émancipation de leur père, et qui, demeurés dans la famille de leur aïeul, sont écartés de la succession de leur père ;
- les agnats *capite minuti* ;
- tous individus précédés dans leur ordre par un héritier plus proche en degré et exclus, en vertu du principe de non-dévolution, au cas où cet héritier ne recueille pas la succession ;
- les descendants par les femmes, sauf les enfants de la femme *in manu* ;
- les femmes agnates au delà du degré de sœurs.

(1) Voir *loc. cit.*, page 57.
(2) MM. Ducaurroy et Troplong.
(3) M. Giraud.
(4) M. Ortolan.
(5) M. Labbé.

NOTES EXPLICATIVES.

Successions ab intestat (Suite).

1. Ces individus, bien qu'assimilés aux héritiers siens, ne sont pas héritiers nécessaires : **ce sont des successeurs** prétoriens qui n'arrivent à la propriété quiritaire que par voie d'usucapion.

La *Collatio bonorum* est due non seulement par les héritiers eux-mêmes, mais encore par ceux qui bénéficient indirectement de la succession acquise à un *alieni juris*, et par les enfants émancipés admis à la *bonorum possessio contra tabulas.*

2. Claude avait accordé à une mère, par faveur individuelle, la succession légitime de ses enfants.

3. Cette limite est également celle du *jus nominandi potioris* (cas d'excuse de la tutelle), du droit de recueillir un legs de plus de 1000 as (loi *Furia*), et de la *solidi capacitas* (lois Caducaires).

4. Aucun d'eux n'est héritier nécessaire.

5. Ils excluent les agnats à partir du troisième degré. Les descendants de frères et sœurs ne sont pas admis à jouir de leurs privilèges.

6. La mère et les enfants ont droit à la *bonorum possessio unde legitimi ;* mais ils constituent cependant une classe intermédiaire, et, à leur défaut, il y a dévolution aux agnats proprement dits.

7. Le père vient comme héritier s'il a émancipé le *de cujus*, sinon, comme *bonorum possessor*. La mère est préférée à l'aïeul, fût-il émancipateur, à moins pourtant que le père ne survive.

Constantin admet les oncles paternels et leurs descendants au premier et au deuxième degrés à concourir avec la mère : celle-ci a les 2/3 si elle a le *jus liberorum*, et le 1/3 dans le cas contraire. Valentinien et Valens étendent cette règle aux frères émancipés, et Valentinien III limite uniformément à 1/3 le droit des collatéraux.

La mère remariée après la mort de son fils, perd au profit des frères et sœurs la nue propriété des biens venus du père commun (const. de Théodose et de Valentinien) : elle partage avec le fils du défunt *in adoptiva familia.*

8. S'ils sont *alieni juris*, la succession constitue le pécule adventice et le père en a l'usufruit ; s'ils sont *sui juris*, Théodose et Valentinien accordent au père l'usufruit d'une part virile.

L'enfant doit, dans le principe, être ingénu ; il est réputé tel si sa mère, affranchie par fidéicommis, n'est accouchée en état d'esclavage que par suite d'un retard de l'héritier. Sous Justinien, l'enfant succède à sa mère dès lors qu'il est libre au moment de l'ouverture de la succession.

En revanche, Justinien décide que les enfants *vulgo concepti* d'une mère illustre ne peuvent lui succéder ni par testament, ni *ab intestat.*

9. Cette constitution, qui règle également les droits des descendants par les femmes, réserve 1/4 de la succession pour les agnats : cette réserve est abrogée par Justinien.

---

10. Elle pouvait également obtenir ce droit par un rescrit impérial. Deux jumeaux ne comptent que pour un enfant. La mère est privée de la succession *ab intestat* de son enfant, si elle omet de lui faire nommer un tuteur.

Successions ab intestat (Suite).

Suivant le droit prétorien :

Héritiers siens (*Bonorum possessio unde liberi*)[1]

enfants émancipés par le *de cujus* ;

enfants conçus après l'émancipation de leur père (succession de l'aïeul) ;

enfants conçus avant l'émancipation de leur père (succession de leur père) ;

enfants donnés en adoption ou adrogés après émancipation (succession de leur père naturel), à la condition qu'ils n'appartiennent plus à leur famille adoptive ;

enfants devenus *sui juris* par la *maxima* ou *media capitis deminutio* de leur père qui a recouvré ensuite le droit de cité ;

ils ne sont admis que moyennant la *collatio bonorum*, c'est-à-dire le rapport à la masse des biens qu'ils ont acquis grâce à leur sortie de la famille — ce rapport n'est dû qu'à l'*heres suus* auquel préjudicie le *bonorum possessor* ; il ne s'étend pas aux pécules.

Agnats —

Le droit prétorien, défavorable au lien purement civil de l'agnation, n'introduisait aucun parent dans l'ordre des agnats.

Cognats (*Bonorum possessio unde cognati*)

tous individus unis au *de cujus* par les liens du sang, à savoir :

agnats *capite minuti* et leurs descendants (1) ;

agnats exclus par le principe de non-dévolution ;

enfants donnés en adoption et présents dans la famille adoptive au moment du décès de leur père ;

parents par les femmes ;

femmes agnates au delà du degré de sœur ;

enfants *vulgo quæsiti* pour la succession de leur mère et de leurs parents maternels ;

enfants naturels pour la succession de leur mère, de leurs parents maternels et de leur père, s'il est certain ;[2]

le droit de succession s'arrête au sixième degré (2) ;[3]

la dévolution est permise dans l'ordre des cognats ;

la parenté servile suivie d'affranchissement ne donne pas droit à la *bonorum possessio* ;

la *bonorum possessio* est accordée au plus proche en degré.

Suivant les constitutions impériales :

Héritiers siens[4]

les descendants par les filles sont assimilés aux descendants par les mâles ; concourant avec des héritiers siens, ils prennent les 2/3 de la part qu'eût recueillie leur mère; concourant avec des agnats, ils ont droit aux 3/4 (const. de Théodose, Arcadius et Valentinien).

Agnats[6]

les frères et sœurs émancipés concourent avec les frères et sœurs restés en puissance et prennent la moitié de leur part proportionnelle (const. d'Anastase) ;[5]

la mère jouissant du *jus liberorum* (3) succède à ses enfants légitimes ou naturels décédés sans postérité ni frères consanguins ; la mère concourt avec les sœurs et est exclue par le père (sén. cons. Tertullien).[7]

les enfants, sans distinction de sexe ou de situation, succèdent à leur mère en première ligne (sén. cons. Orphitien) ;[8]

cette disposition a été étendue aux petits-enfants pour la succession de leur aïeule (const. de Théodose, Arcadius et Valentinien);[9]

les enfants venant en vertu du sén. cons. Orphitien sont préférés à la mère appelée par le sén. cons. Tertullien.

---

(1) Pourvu que l'agnation ne résulte ni d'adoption, ni d'adrogation : car, dans ce cas, il n'y a pas de cognation naturelle.

(2) Excepté pour les enfants des cousins issus de germains (septième degré).

(3) Pour jouir du *jus liberorum*, une femme devait avoir mis au monde trois enfants viables si elle était ingénue, quatre si elle était affranchie.[10]

NOTES EXPLICATIVES.

Successions ab intestat (Suite).

1. La représentation n'y sera introduite que par la Novelle 127.

2. Il n'est plus question de sexe, de qualité ni de puissance ; la représentation est admise, même pour l'incapable.

Pourtant la puissance vaut encore au *paterfamilias* l'usufruit du pécule *adventice* et, notamment, d'une succession échue à son fils *alieni juris*.

3. Les ascendants, lorsqu'ils sont seuls, succèdent par tête et par ligne ; s'ils concourent avec les frères et sœurs, chacun prend une part virile ; mais l'usufruit des ascendants sur les biens du défunt s'éteint.

4. Cette faveur cesse en cas de mort de tous les frères et sœurs.

5. Ces deux derniers groupes viennent par tête, et la succession est entièrement dévolue au plus proche.

La limitation reste sans doute la même que pour la succession prétorienne des cognats.

6. Le principe de la dévolution est définitivement admis, et il n'y a plus d'héritiers siens et nécessaires : la distinction entre les *sui* et les *extranei* n'existe plus que pour les hérédités testamentaires.

Les novelles excluent de toute succession les hérétiques : leurs parts sont dévolues à leurs cohéritiers catholiques ou subsidiairement à l'Eglise, si l'hérédité provient d'un clerc, ou au fisc, si elle provient d'un laïque.

Les biens vacants sont attribués à l'*Ærarium* (loi *Julia*), puis plus tard au fisc : il en était ainsi dans l'ancien droit pour les biens des vestales intestates. Le fisc a quatre ans pour réclamer la succession ; il ne paie les dettes que jusqu'à concurrence de l'actif, mais est tenu des legs et fidéicommis. Si la succession est solvable, les affranchissements testamentaires sont sans effet, parce que le fisc est un héritier *ab intestat* ; si elle est insolvable, ils peuvent être exécutés grâce à l'*addictio bonorum*.

Par exception, les biens vacants d'un décurion sont acquis à la curie, et ceux des prêtres et religieux à leur église ou monastère.

Nota. — L'hérédité *ab intestat* peut être, dans l'ancien droit, cédée *in jure* par un héritier externe qui n'a pas encore fait adition ; après l'adition, la cession ne s'applique plus qu'aux choses corporelles ; aussi éteint-elle les créances, tout en laissant les dettes à la charge de l'héritier. .

De l'assignation des affranchis.

7. Cette mesure a été autorisée sous Claude, *Suillio Rufo et Osterio Scapula Consulibus*.

8. Le droit d'assignation n'appartient qu'au patron seul et est intransmissible : la patronne en est toujours privée.

L'assignation peut être faite au profit d'un exhérédé ; elle peut aussi être faite simultanément à un fils émancipé et à un fils en puissance, pourvu que le père ait encore deux fils en puissance.

9. Cette faveur ne s'impute pas sur la Falcidie, car elle ne fait pas partie de l'hérédité du patron.

10. La révocation tacite pourrait résulter d'une exhérédation.

11. L'adoption produirait le même effet.

12. S'il y a plusieurs bénéficiaires, la défaillance de l'un d'eux profite aux autres et non à ses enfants.

La mort du patron avant l'affranchi éteint l'assignation, qui peut comporter un terme initial ou une condition suspensive.

Successions ab intestat (Suite).

Héritiers siens
- les enfants adoptés par tout autre qu'un ascendant conservent leurs droits de succession dans leur famille naturelle et succèdent *ab intestat* à leur père adoptif ;
- les enfants adoptés par un ascendant changent de famille et supportent les conséquences de ce changement (1) ;
- les descendants **par les filles** excluent définitivement les agnats (2).

Agnats
- les frères et sœurs émancipés et leurs enfants au premier degré concourent avec ceux qui sont demeurés dans la famille et partagent avec eux sur le pied de l'égalité ;
- les frères et sœurs utérins cognats par les femmes et leurs enfants au premier degré concourent avec les frères et sœurs agnats ;
- la dévolution est admise dans l'ordre des agnats ; [1]
- la mère bénéficie du sén. cons. Tertullien, alors même qu'elle n'aurait eu qu'un enfant, elle exclut tous autres que les descendants et les frères et sœurs ; s'il y a des sœurs, elle prend la moitié ; s'il y a des frères et sœurs, on partage par tête.

Système des novelles 118 et 127, — cinq classes d'héritiers :
- 1° les descendants ; [2]
- 2° les ascendants en concours avec
  - les frères et sœurs germains, par tête, [3]
  - leurs descendants au premier degré, par représentation ; [4]
- 3° les frères et sœurs germains et leurs enfants, en raison du privilège du double lien ;
- 4° les frères et sœurs consanguins ou utérins ;
- 5° les autres collatéraux. [5]
- Il n'est plus tenu compte de l'agnation, ni de la différence entre les possessions de biens et l'hérédité. [6]

La *bonorum possessio unde vir et uxor* est maintenue.

Sous Justinien :

De l'assignation des affranchis (Titre 8). [7]

L'assignation d'un affranchi
- a pour but de transférer à un ou plusieurs enfants du patron le droit exclusif de patronage sur un affranchi ;
- peut être faite par le *paterfamilias* seul, en faveur d'un individu placé sous sa puissance, sans distinction de sexe ni de degré ; [8]
- est réalisée, soit par testament, soit de toute autre manière ; [9]
- s'évanouit
  - par révocation, [10]
  - par émancipation du bénéficiaire de l'assignation, [11]
  - par la mort du bénéficiaire sans postérité. [12]

---

(1) Voir les effets de l'adoption sous Justinien aux matières de l'examen de première année (page 21).

(2) Ils n'ont cependant encore droit, contre des héritiers siens, qu'aux deux tiers de la part qu'aurait eue leur mère.

NOTES EXPLICATIVES.

Succession des affranchis.

1. Ils partagent toujours par tête, même s'ils sont les ayants cause de copropriétaires pour des parts inégales.

2. C'est la *bonorum possessio dimidiæ partis* : enfant *naturel* est ici opposé à enfant *adoptif*.

3. L'affranchi est alors dit : *centenarius ;* le même droit appartient aux descendants mâles, *per masculos,* du patron et même à ses filles et descendantes, si elles ont le *jus liberorum,* c'est-à-dire trois enfants.

4. Les enfants de la patronne, fussent-ils *vulgo quæsiti,* succèdent à ses droits.

5. Ce droit suppose donc que l'affranchi a 100.000 sesterces et moins de trois enfants.

6. Le même droit appartient aux descendants mâles du patron, ainsi qu'à ses filles, pourvu qu'elles aient le *jus liberorum.*

7. Ce droit fait partie de la succession du patron et passe à ses descendants, à l'exclusion des héritiers externes, à moins d'exhérédation nominative (Sén. Cons. Largien) ; mais, contrairement à ce qui a lieu pour le droit de patronage, il reste proportionnel aux droits sur l'esclave devenu latin. Si ce dernier devient citoyen malgré son patron par un rescrit impérial, il ne peut laisser une hérédité légitime, ni instituer un autre que son patron (Edit de Trajan). Adrien lui permet de faire la *Causæ probatio* et de recouvrer par là la plénitude de ses droits.

Les biens des affranchis dédilices sont attribués à leur patron *jure successionis* ou *jure peculii,* suivant qu'ils eussent été citoyens ou latins.

8. L'affranchi est dit : *major seu minor Centenario.*

9. Ce tiers est franc et quitte de toute charge et de tout legs ; il en était différemment de la part attribuée au patron par la *bonorum possessio dimidiæ partis.*

Nota. — Le patron peut faire révoquer tous actes d'aliénation tendant à diminuer ses droits ; il a dans ce but l'action *Calvisiana* si l'affranchi est intestat et l'action *Faviana* en cas de testament ; il doit prouver le dol des contractants si l'acte est à titre onéreux, sinon, peu importe la bonne foi du tiers. Le patron a même droit de réclamer sa part contre le fisc en cas de confiscation.

Quant aux aliénations qui avaient pour but de faire descendre la fortune de l'affranchi au-dessous de 100.000 sesterces, elles étaient radicalement nulles.

Droits des enfants naturels.

Ils succèdent à leur mère en vertu du Sén. Cons. Orphitien ; peut-être admis au début du droit prétorien à la succession de leur père comme cognats, ils en sont plus tard entièrement exclus *ab intestat :* par testament, ils ne peuvent recevoir plus de 1/12 s'ils concourent avec des descendants légitimes et 3/12 vis-à-vis de tous autres institués. Leur mère naturelle a les mêmes droits restreints.

Sous Justinien, *ab intestat* ils ont droit à des aliments contre les descendants et l'*uxor ;* contre tous autres, ils prennent 2/12 sur lesquels la mère prélève une part virile. La concubine sans enfant n'a aucun droit. Par testament, s'il existe des enfants légitimes, les enfants naturels ne peuvent recevoir plus de 1/12 qu'ils partagent avec la concubine : celle-ci seule peut obtenir 1/24. En l'absence de descendants, ils ne peuvent avoir plus de moitié, puis la novelle 89 les assimile à des étrangers. Les enfants adultérins ou incestueux sont frappés par Arcadius et Honorius d'une incapacité absolue.

Succession des affranchis (Titre 7).

La succession des affranchis est dévolue,

d'après la loi des Douze-Tables

ab intestat
- aux héritiers siens de l'affranchi { enfants légitimes, enfants adoptifs, *uxor in manu* ;
- à défaut d'héritiers siens, au patron et à ses enfants jouant le rôle d'agnats, sans distinction de sexes.[1]

en cas de testament
- à quiconque est régulièrement institué, fût-il étranger ;
- la femme affranchie ne pouvait tester qu'avec le consentement de son patron.

d'après le droit prétorien

ab intestat
- aux enfants légitimes de l'affranchi ;
- par moitié { aux enfants adoptifs ou à l'*uxor in manu*, au patron ou à ses enfants mâles.

en cas de testament
- le patron pouvait obtenir contre tout institué autre qu'un enfant naturel, la *bonorum possessio contra tabulas* jusqu'à concurrence de la moitié du patrimoine de l'affranchi.[2]

D'après la loi *Papia Poppæa*

au patron — même en concours avec les enfants naturels, si l'affranchi a laissé 100.000 sesterces et moins de trois enfants (il a droit à une part virile) ;[3]

à la patronne
- affranchie, mère de trois enfants ;[2]
- ingénue, { mère de deux enfants — elle jouissait des avantages accordés aux patrons par le droit prétorien ;[2] mère de trois enfants — elle avait en outre le droit de prendre une part virile contre les enfants naturels.[5]

(L'affranchie mère de quatre enfants, étant libérée de la tutelle, peut tester sans autorisation ; le patron a droit à une part virile dans la succession.)[6]

Observation. — Ces règles sont applicables aux seuls affranchis citoyens romains ; quant aux Latins-Juniens, ils n'ont point le droit de tester et leur patron recueille leurs biens *jure peculii.*[7]

Sous Justinien :

ab intestat
- aux enfants de l'affranchi, même nés en esclavage, pourvu qu'ils soient libres lors de l'ouverture de la succession ;
- au patron, à la patronne et à leurs enfants ;
- aux cognats du patron et de la patronne jusqu'au cinquième degré ;
- au conjoint du *de cujus.*

en cas de testament
- aux enfants institués, à l'exclusion du patron ;
- à tout institué, si la fortune est de moins de 100 sous d'or ;[8]
- pour un tiers au moins au patron, si la fortune dépasse cette somme.[8]

NOTES EXPLICATIVES.

Des possessions de biens.

1. La *bonorum possessio* dérive des *vindiciæ* ou attribution de possession par le magistrat, suivant les *legis actiones*, dans la *petitio hereditatis*. — C'est une *possessio juris* et non *rerum*; elle s'applique donc aux créances; l'usucapion qui en est le couronnement a pour point de départ la prise de possession effective; le *bonorum possessor* est protégé par la *petitio hereditatis possessoria* ou par les actions fictices; il n'est pas assujetti aux *sacra* du défunt, mais il a les *jura sepulcri*.

2. La *bonorum possessio contra tabulas* est donnée *contra lignum*; une fois déférée, elle reste ouverte à tous les ayants droit, quels que soient leurs titres et nonobstant tous événements postérieurs. Elle est donc accordée, notamment, aux héritiers institués qui y gagnent de ne pas exécuter les legs; sans cette règle, leur situation eût été moins bonne que celle des omis. — Le droit à cette possession de biens se perd par toute adhésion à la volonté du testateur, par exemple, par l'acceptation d'un legs. — Elle laisse subsister les exhérédations, les substitutions pupillaires, la *datio tutoris*; elle ne réduit que de moitié l'institution d'héritiers externes en concours avec des descendantes omises. Elle neutralise en partie les institutions et efface les legs, fidéicommis et donations, sauf ceux qui sont adressés à un descendant, à un ascendant, à l'épouse, ou à la bru. D'après une constitution d'Antonin, les mêmes, institués héritiers, ont droit à une part virile nonobstant la délation de la *bonorum possessio contra tabulas*. — L'héritier sien omis l'obtient sans aucune charge. — Elle est donnée pour moitié au patron ou à ses descendants (*bonorum possessio dimidiæ partis*); il en est de même pour le père émancipateur, à moins que le fils n'ait testé avec les privilèges militaires. — En vertu d'une décision de Julien, le fils resté en puissance partage avec son père émancipé sa part dans la succession de l'aïeul : la défaillance de l'un d'eux profite exclusivement à l'autre.

La *bonorum possessio contra tabulas* oblige celui qui en profite à faire la *collatio bonorum*.

3. La *bonorum possessio secundum tabulas* suppose que le testateur s'est soumis à la forme prétorienne (sept témoins) ou à la forme nuncupative; dans ce dernier cas, la *bonorum possessio* est dite : *secundum nuncupationem*.

4. Elle n'est accordée qu'aux mâles descendants par les mâles.

5. Les descendants n'y ont recours que s'il s'agit de la succession d'une femme ou s'ils sont *in adoptiva familia*.

6 La *bonorum possessio unde cognati* peut être demandée par ceux qui ont négligé d'en réclamer une précédente; elle compète, en outre, à tous les cognats laissés de côté par le droit civil ou par les constitutions impériales : elle peut être demandée par les enfants *vulgo quæsiti* même entre eux; par les enfants naturels, peut-être même, jusqu'à Léon, à l'égard de leur père; par les enfants nés *ex contubernio* depuis Justinien. Elle est accordée en considération du degré seul et sans tenir compte de la qualité.

7. D'autres lisent : *tanquam ex familia*; suivant cette version, elle passerait avant celle des cognats.

8. Cette *bonorum possessio* serait, suivant les uns, la succession remontant au patron du patron d'un affranchi et à sa famille; suivant d'autres, elle serait dévolue au patron, à la patronne et à leurs enfants et devrait être ainsi libellée : *unde patronus patronaque, liberi et parentes patroni patronæve.*

Des possessions de biens (TITRE 9).

La possession de biens, ou succession prétorienne, est un droit conféré par le préteur à certaines personnes, pour confirmer, étendre ou corriger le droit civil. [1]

Les possessions de biens sont :

ordinaires :

- **testamentaires** :
  - *contra tabulas* (1) — pour contredire un testament valable ; [2]
  - *secundum tabulas* — pour exécuter un testament nul selon le droit civil ; [3]

- **ab intestat** :
  - *unde liberi* (2) [4] — pour les héritiers siens et assimilés ;
  - *unde legitimi* — donnée :
    - aux agnats,
    - à la mère (sén. cons. Tertullien),
    - aux enfants (sén. cons. Orphitien),
    - aux patrons et à leurs descendants ;
  - *unde decem personæ* — donnée à dix cognats de l'individu affranchi *ex mancipio*, par préférence au *manumissor extraneus* investi des droits de patronage ; [5]
  - *unde cognati* :
    - pour les cognats jusqu'au 6e degré, [6]
    - pour les enfants d'issus de germains ;
  - *unde vir et uxor* — donnée, en l'absence de *manus*, au conjoint survivant non divorcé ;
  - *tum quem ex familia* — donnée aux agnats du patron ; [7]
  - *unde patronus et patrona, liberique eorum et parentes* — donnée au patron du patron et à sa famille ; [8]
  - *unde cognati manumissoris* — donnée aux cognats du patron.

extraordinaires — *uti ex legibus* — donnée, en vertu d'une disposition législative, dans les successions testamentaires ou *ab intestat*.

sont :
- *edictales* — données en vertu d'un édit ; (voir page 94 ci-après).
- *decretales* — données après examen de l'espèce.

sont :
- *cum re* — possession efficace donnée à l'héritier du droit civil ou à son défaut ;
- *sine re* — possession provisoire laissant le possesseur exposé à la revendication de l'héritier du droit civil (voir page 94 ci-après).

La *bonorum possessio* devait être demandée :
- dans le délai d'un an, pour les descendants et ascendants ;
- dans le délai de cent jours pour les autres.
- Ces délais se composent de jours utiles.

---

(1) Elle n'est accordée qu'à ceux que le droit prétorien oblige à instituer ou à exhéréder ; elle est donnée aux exhérédés et aux omis ; elle dispense de toute charge. Toutefois celui qui répudie une *bonorum possessio* testamentaire pour en avoir une *ab intestat* est obligé par le préteur à acquitter les legs dont il eût été tenu.

(2) Abréviation de la phrase : « *ea pars edicti unde liberi vocantur.* » La *bonorum possessio unde liberi* oblige à la *collatio bonorum* : cette charge est imposée au bénéficiaire lui-même s'il est *sui juris* ou sinon à son *paterfamilias* ; le rapport doit être fait dans l'année, avec garantie de fidéjusseurs, et n'est dû qu'aux *sui* et dans la mesure du préjudice qui leur est causé. Sont rapportables tous les biens acquis au *bonorum possessor*, après déduction du passif, des biens donnés *dignitatis causa* et de la dot reçue de la femme.

Une constitution de l'empereur Léon oblige tout descendant à rapporter la dot ou la donation à cause de noces à la succession de l'ascendant.

Sous Justinien, le rapport comprend tous les biens, sauf ceux qui, entrant dans la composition des pécules, échappent à l'acquisition du père.

NOTES EXPLICATIVES.

De l'adrogation.

1. Les creances de l'adrogeant contre l'adrogé s'éteignent et ne revivent pas par l'émancipation.

2. Il en est de même des *operæ liberti* et des droits déduits en justice.

3. Il y a là une dérogation à la règle : *servitus servitutis esse non potest*. Les droits déduits en justice passent également à l'adrogeant.

4. C'est une succession et non un droit de pécule.

5. Il est tenu sur ses biens propres et passible d'actions directes. Le silence de Justinien sur ce point semble indiquer qu'il entend assimiler les dettes de cette provenance aux dettes contractuelles.

6. La survivance des actions directes n'empêche pas l'exercice de l'action noxale.

7. En fait l'adrogation d'un insolvable était évitée grâce à l'enquête préalable.

8. Les actions accordées sont alors utiles et fictices : si l'adrogeant refuse d'y défendre, les biens de l'adrogé sont vendus en masse ; sous Justinien, il y a lieu à la *distractio bonorum*. Ulpien, considérant les biens de l'adrogé comme formant une sorte de pécule, donnait, contre l'opinion des Sabiniens, l'action *de peculio ;* cette doctrine ne tenait pas compte du défaut de tout consentement antérieur aux dettes.

9. Ici les actions sont utiles, mais non plus fictices ; l'adrogeant doit fournir la caution *judicatum solvi*. Il en serait différemment des biens d'un esclave acquis *per universitatem* (homme libre vendu frauduleusement comme esclave — révocation d'affranchissement pour ingratitude).

Nota. — Les règles de l'adrogation sont applicables à l'acquisition par la *manus ;* toutefois, le *coemptionator* fiduciaire doit restituer les biens et voit revivre les droits que la confusion aurait pu éteindre. Le mari n'est pas tenu des dettes d'une femme *alieni juris* tombée *in manu* et n'ayant, par suite, rien apporté.

Addictio bonorum libertatis causa.

10. La première application de cette *addictio* remonte à un rescrit de Marc-Aurèle à *Popilius Rufus.*

L'abstention de l'héritier sien *ab intestat* est considérée comme une répudiation ; au contraire, l'*addictio* est sans objet s'il s'agit d'une hérédité testamentaire, puisque l'abstention n'empêche pas les affranchissements d'être exécutés par le magistrat.

Le fisc est considéré comme un héritier, suivant l'avis de Papinien.

11. Les premiers appelés à demander l'*addictio* sont les esclaves affranchis par testament.

En cas de concours, on attribuait les biens à celui des intéressés qui promettait le premier dans l'année une satisdation.

12. L'esclave doit promettre paiement à un créancier stipulant au nom de tous les autres : ceux-ci ont des actions fictices.

Celui qui obtient l'*addictio* peut se faire promettre certaines compensations par les autres esclaves ; ceux qui préfèrent l'esclavage peuvent y demeurer.

13. Dans ce cas, celui qui obtient l'*addictio* doit désintéresser intégralement les créanciers et l'*emptor bonorum.*

De l'adrogation (Titre 10).

Les biens et créances de l'adrogé

- **avant Justinien**
  - passent en pleine propriété à l'adrogeant, [1.]
  - à l'exception
    - des droits d'usufruit et d'usage éteints par la *minima capitis deminutio*, [2.]
    - du *peculium castrense* qui reste propre à l'adrogé.
- **sous Justinien**
  - passent à l'adrogeant en usufruit seulement : — les droits d'usufruit et d'usage lui sont également acquis ; [3.]
  - sont acquis définitivement à l'adrogeant si l'adrogé meurt sans descendants ni frères ni sœurs. [4.]

Les dettes de l'adrogé

- provenant d'une hérédité — passent sur la tête de l'adrogeant qui en est tenu comme un héritier ; [5.]
- résultant d'un délit — subsistent contre l'adrogé. [6.]
- contractées par l'adrogé
  - en droit civil, s'éteignent par la *capitis deminutio* ; [7.]
  - en droit prétorien, sont maintenues, *utilitatis causa*, directement contre l'adrogé et indirectement contre l'adrogeant ; [8.]
  - sous Justinien, sont recouvrées directement contre l'adrogeant. [9.]

Addictio bonorum libertatis causa (Titre 11).

L'*addictio bonorum*

- est l'attribution du patrimoine d'un défunt faite, à défaut de tout héritier, à une personne qui s'engage à accomplir les affranchissements ordonnés par le *de cujus*. [10.]
- est accordée
  - à l'origine, à un esclave affranchi *mortis causa* par le *de cujus* ; [11.]
  - plus tard
    - au premier individu qui demandait l'*addictio* ;
    - collectivement à tous ceux qui la demandaient simultanément.
  - à charge,
    - au début,
      - de donner caution aux créanciers pour le paiement intégral de leurs créances,
      - d'exécuter tous les affranchissements ;
    - sous Justinien,
      - de payer une partie des dettes,
      - d'exécuter quelques-uns des affranchissements. [12.]
  - en principe, jusqu'à la vente des biens ;
  - sous Justinien, même dans l'année qui suit cette vente. [13.]
- a pour effets
  - d'empêcher la vente en masse sous le nom du *de cujus*,
  - d'assurer aux créanciers une part supérieure à celle qu'ils obtiendraient par la vente en masse,
  - de procurer la liberté aux esclaves affranchis par le *de cujus* (1),
  - de placer l'adjudicataire dans la situation d'un *bonorum possessor*,
  - de lui attribuer les droits de patronage
    - sur les esclaves qu'il affranchit,
    - sur ceux que le *de cujus* avait directement affranchis, si cette condition a été posée avant l'*addictio*,
  - de laisser irrévocables les affranchissements exécutés, dans le cas où l'héritier, obtenant la *restitutio in integrum*, ferait révoquer l'*addictio bonorum*.

---

(1) Sous Justinien, au moins à quelques-uns d'entre eux.

NOTES EXPLICATIVES.

Venditio bonorum.

1. La *venditio bonorum* a été inaugurée par le préteur *Rutilius*, vers 586, c'est-à-dire peu après que la loi *Æbutia* (577 ou 583 A. U. C.) eût supprimé la *manus injectio* : c'est donc la saisie des biens remplaçant la contrainte corporelle du débiteur.

Dans l'ancien droit, il existait une *bonorum sectio* ; mais cette dénomination ne s'appliquait qu'au cas où des biens étaient vendus en masse ou en détail par le trésor : objets pris sur l'ennemi, successions vacantes ou patrimoines confisqués. Cette vente transférait la propriété quiritaire sans tradition ; les actions étaient directes et l'acheteur pouvait invoquer l'interdit *sectorium*.

2. Peu importe qu'il ait été *judicatus* ou *confessus in jure*. L'envoi en possession peut encore être demandé lorsque le débiteur s'est donné en adrogation et que l'adrogeant refuse de le défendre.

3. Il peut être pris en dehors des créanciers ; il en est autrement du *magister*.

4. Cette *lex* est affichée.

5. La vente peut aussi se faire à l'amiable : dans ce cas, le *magister* est vendeur et créancier.

Les créanciers agissent *mandati* contre le *magister* ou *in factum*, si, ne s'étant pas fait connaître à temps, ils n'ont pas concouru à sa nomination.

Si le prix offert est supérieur aux dettes, le surplus de l'actif appartient au débiteur. En cas d'offres égales entre elles, on préfère le créancier, puis le cognat, enfin l'offrant le plus solvable.

6. Il est également acheteur ; on lui donne l'interdit *possessorium* et deux actions : l'une fictice (*Serviana*), l'autre directe (*Rutiliana*) ; dans cette dernière, le nom du créancier figure dans l'*intentio* et celui du *bonorum emptor* le remplace dans la *condemnatio*.

7. La procédure extraordinaire ayant entraîné la suppression des *conventus* ou assemblées de créanciers, les formalités de la *bonorum venditio* étaient devenues impraticables.

Parmi les modes d'acquisition à titre universel, il faut ranger la confiscation. Elle est encourue par l'héritier indigne et par le condamné à une peine capitale (entraînant *maxima capitis deminutio*) ; elle peut encore être prononcée accessoirement à l'exil ou à la relégation perpétuelle.

Par dérogation au principe qui veut que la mort du coupable entraîne l'extinction des poursuites, la confiscation peut être infligée en cas de *perduellio*, en cas de suicide *metu criminis seu consciencia delicti*, ou en cas de crime capital flagrant : dans les deux premiers cas, les héritiers sont admis à y contredire ; dans le dernier, la confiscation est de droit.

Toute aliénation consentie par un accusé est nulle si la confiscation est prononcée ultérieurement.

Le fisc ne paie le passif que jusqu'à concurrence de l'actif; toutefois, les créanciers conservent le droit de provoquer la *bonorum venditio*. Sous Justinien, on réserve la part des descendants, des ascendants et des patrons, la dot de la femme et la *donatio propter nuptias*, ainsi que la portion de biens réservée à la concubine et aux enfants naturels contre des successeurs légitimes.

Venditio bonorum (Titre 12).

La *venditio bonorum* est la vente en masse des biens d'un débiteur faite par ses créanciers et entraînant l'infamie. [1]

Formalités :

L'envoi en possession

a lieu
- lorsque le débiteur se cache par fraude,
- lorsqu'il est absent et que personne ne prend sa défense,
- lorsqu'il a fait cession de biens à ses créanciers,
- lorsque, condamné par le juge, il n'a pas exécuté la sentence, [2]
- lorsque le débiteur est mort et n'a pas d'héritier ;

s'obtient par décret du préteur rendu *cognita causa* ;

dessaisit le débiteur de la garde de ses biens qui passent entre les mains des créanciers ;

dure
- trente jours si le débiteur est vivant,
- quinze jours si le débiteur est mort.

Un curateur
- est nommé par le magistrat sur la présentation des créanciers ;
- a pour fonctions d'administrer les biens. [3]

Des affiches appelées *proscriptiones* sont apposées par ordre du magistrat.

Le préteur convoque par décret les créanciers qui élisent un syndic (*magister*), chargé des opérations de la vente.

Le *magister* rédige la *lex bonorum vendendorum* (cahier des charges) qui contient l'état de l'actif et du passif du débiteur, ainsi qu'une sorte de mise à prix dont le chiffre est un dividende. [4]

L'adjudication

a lieu
- si le débiteur est vivant, trente jours
- si le débiteur est mort, vingt jours

après la nomination du syndic ;

se fait par offres d'enchères représentées par un dividende ; [5]

entraîne l'infamie pour le débiteur ;

rend l'adjudicataire *bonorum possessor*. [6]

Sous Justinien, cette procédure compliquée est remplacée par la *distractio bonorum* ou vente en détail qui n'entraîne plus l'infamie pour le débiteur. [7]

Du sénatus-consulte Claudien (Titre 12).

Le sénatus-consulte Claudien, abrogé par Justinien comme immoral, avait en vue toute femme libre qui, malgré trois avertissements donnés par le maître d'un esclave, persistait dans ses relations avec ce dernier.

En principe, cette femme tombait, elle et tous ses biens, en la puissance du maître de l'esclave.

Exceptions :

si elle était une affranchie, elle retombait esclave de son patron, à moins qu'il n'ait eu connaissance de sa conduite ;

si elle agissait avec l'assentiment du maître de l'esclave
- elle était réputée son affranchie ;
- ses enfants, à l'origine libres ou esclaves suivant les conventions avec le maître, naissaient toujours libres depuis Adrien.

INDEX DES TABLEAUX

Bar-le-Duc.— Typ. Schorderet et C°.— 1889

CPSIA information can be obtained
at www.ICGtesting.com
Printed in the USA
BVHW011126230920
589449BV00015B/148

9 781169 685093